Christian Fürchtegott Gellert

Anhang zu der Sammlung vermischter Schriften

Christian Fürchtegott Gellert

Anhang zu der Sammlung vermischter Schriften

ISBN/EAN: 9783744616256

Hergestellt in Europa, USA, Kanada, Australien, Japan

Cover: Foto ©Thomas Meinert / pixelio.de

Weitere Bücher finden Sie auf **www.hansebooks.com**

Anhang
zu der Sammlung
vermischter
Schriften

von

C. F. Gellert.

Mit Röm. Kaiserl. und Churfürstl. Sächs. allergn. Privilegiis.

Leipzig,
bey M. G. Weidmanns Erben und Reich, 1769.

Von der

Vortrefflichkeit und Würde
der Andacht.

Viele denken so niedrig von der Andacht,
daß sie dieselbe nur für das Antheil kleiner
und einfältigen Seelen halten; und es ist doch nichts gewisser, als daß eben der Mangel der Andacht eine solche
Seele verräth; so wie ihre Gegenwart nur die Eigenschaft eines empfindlichen und edlen Herzens seyn kann.
Dieses zu erweisen, darf man nur zeigen, was die Andacht ist, woher sie entsteht, und was sie für Wirkun-
gen auf die Seele und den Wandel der Menschen hat.

Ohne eine richtige und lebendige Erkenntniß Gottes
und seiner unendlichen Vollkommenheiten kann keine wahre Andacht statt finden. Diese Gemüthsverfassung be-
steht eben darinne, daß wir die Größe und Güte Gottes
uns würdig denken und sie lebendig empfinden. Sie ist
es ja, die unsern Verstand mit den Eigenschaften, Werken, Wohlthaten und Geboten Gottes, so wie sie uns die

Natur

Natur und Offenbarung lehren, oft und lebhaft unterhält, und ihm dieselben tief einprägt. Sie ist es, die
dadurch in unserm Herzen die Empfindungen der Ehrfurcht und Liebe, des Vertrauens und der Dankbarkeit,
der Demuth und gänzlichen Unterwerfung gegen Gott,
erwecket, welche diese Betrachtungen stets begleiten, wenn
sie nur nicht allein oft, sondern auch mit Aufmerksamkeit und Lebhaftigkeit angestellt werden. Denn nicht
jede auch oft angestellte Betrachtung Gottes ist Andacht,
oder wird zur Andacht. Nicht derjenige ist andächtig,
der nur aus bloßer Wißbegierde, oder seines Amts und
Berufs wegen sich mit der Betrachtung Gottes beschäf-
tiget, und dabey so kalt bleibt, als ob er sich mit den
gleichgültigsten Gegenständen unterhalten hätte; so wenig
als es der Heuchler ist, der nur die Miene der Andacht
zu seinen irdischen Absichten mißbraucht, ohne ihren Geist
zu haben. Doch die Andacht verlangt nicht nur eine
lebhafte, sondern auch eine wahre und richtige Erkenntniß Gottes und göttlicher Dinge. Ohne Wahrheit in unserm Verstande ist auch keine Wahrheit und
Richtigkeit in unserm Herzen und in unsern Empfindungen. Sich selbst mit dem Traume eines gewissen frommen Gefühls schmeicheln, ohne von Gott mit Ueberzeugung richtig, deutlich und würdig zu denken, ist Andacht
in der Einbildung und verborgne Heucheley des Herzens,
oder fromme selbstbetrogne Einfalt; so wie es ebenfalls
nicht der wahre Geist der Andacht, sondern fanatische
Hitze ist, wenn man Gott und seine Eigenschaften in einem falschen Lichte betrachtet, und in sich dadurch gewisse
Empfindungen erzwingt, die Gott und seinen Eigenschaften nicht gemäß sind. Wem gebühret also der Ruhm
der wahren Andacht? Nur einem Geiste, der Gott in

dem

dem wahren Lichte betrachtet, in dem er selbst sich uns durch die Vernunft und Offenbarung gezeigt hat; und der, zurückgezogen von der Welt und ihren Zerstreuungen, mit gesammelten Kräften in ernsthafter Stille, bald aus der Schrift, bald aus einem andern geistreichen Buche, bald aus seiner eigenen Kenntniß das Andenken an Gott, seine Eigenschaften, Werke, Wohlthaten und Gebote oft, und wirklich in der frommen und großen Absicht erneuert, um in seinem Herzen diejenigen Empfindungen zu erwecken und zu unterhalten, welche diese Betrachtungen zu erzeugen so fähig sind. Nur derjenige Christ ist andächtig, der, um diese Absicht zu erreichen, nicht allein überhaupt, sondern auch insbesondre, und **mit Beziehung auf sich selbst**, alles dieses überdenkt; der diese Empfindungen, so bald er sie fühlet, gern in sich aufnimmt, sein davon erfülltes Herz zu Gott selbst erhebt, sich in eine Art des Gesprächs und nähern Umgangs mit ihm versetzet, und als vor dem Angesichte des Allgegenwärtigen ihm sein ganzes Herz, bald in einem anbetenden Lobe, bald in einem freudigen Danke, bald in einer kindlichen Bitte, bald in einer reuvollen Abbitte, bald in einer erneuerten Zusage eröffnet, und sich nicht nur **von Gott**, sondern **mit Gott** selbst unterhält.

Aber was ist bey dieser Verrichtung klein? Ist es der Gegenstand? Was ist größer, als Gott, der Unendliche, der alles, was groß und gut, was betrachtens- und liebenswerth ist, im höchsten Grade besitzet; als Er, der Vater aller Vollkommenheit, der Schöpfer und Herr der Natur, der Allmächtige, durch den wir sind und leben, in dessen Willen und Macht unser Glück oder Elend beruhet? Diesen Gott denken wir, wenn uns die Andacht beseelet, in aller der anbetenswürdigen Größe und Güte,

in

in der wir ihn nicht nur in dem Lichte der Natur, sondern in dem noch höhern Lichte der Offenbarung erblicken.
Wir denken ihn, wie er uns wunderbar bereitet hat, und
als der liebreichste Vater erhält, wie jeder Augenblick
unsers Lebens sein Geschenk ist, und wie wir nichts seli-
gers thun können, als seinen Willen erforschen und ausüben, weil sein Wille nichts als Güte und Weisheit,
nichts als unser Glück ist. Wir denken und erwägen,
wie jede Verletzung seines Willens Frevel und Aufruhr
ist; wie heilig und gerecht Gott ist, und wie unrein und
sündig wir vor seinem Angesichte von Natur sind, und
welche unaussprechliche Liebe er uns durch die Erlösung
seines Sohnes erwiesen. Dieses oft, mit Ernst und Em-
pfindung denken und erwägen, kann dieß die Eigenschaft
einer einfältigen Seele seyn? Wer die Erkenntniß des
Allmächtigen für klein, und die Bemühung, in derselben
zu wachsen, für Schwachheit ansieht, ist mehr als ein
Thor; er ist der nächste zum Thiere. Und wer es für
Schande hält, von Gott abzuhängen, und ihm ähnlich
zu werden, wie soll man den nennen? Daß wir ohne
Erkenntniß Gottes nicht edel und tugenhaft seyn können,
ist eine eben so faßliche Wahrheit, als daß wir ohne Augen nicht sehen können. Was kann also thörichter seyn,
als die Erkenntniß menschlicher Nichtswürdigkeiten und
Eitelkeiten, mit denen sich die Neugier zu beschäfftigen
pflegt, der Erkenntniß Gottes und seines Willens vorziehen? Denn derjenige hat gewiß keinen Verstand, der
den wahren Werth der Sachen nicht zu beurtheilen weis,
ein Nichts für sein Glück, und das Glück eines Vernünf-
tigen für nichts hält. Wer würde den nicht verlachen,
der den Besitz einer Blume, die in wenig Stunden ver-
welket, dem Besitz der ganzen Welt vorzöge? Handelt
aber

aber derjenige verständiger, welcher die Kenntniß der Mittel, den Beyfall eines Menschen zu erhalten, der Kenntniß, den Beyfall Gottes zu erlangen, vorzieht?

Die Andacht erfordert, daß wir unsere Sinne von den gewöhnlichen Gegenständen abziehen, unsere Gedanken sammeln, unsere Lüste schweigen heißen, und uns über die sichtbaren Dinge erheben. Zu dieser Beschäfftigung gehöret Gewalt über sich selbst, Begierde nach Licht und Wahrheit, Achtsamkeit des Verstandes, und Schärfe der Einbildungskraft. Warum glaubt man denn, daß andächtige Seelen meistentheils einfältige und unwissende Seelen sind? Wir halten ja denjenigen nicht für einfältig, der, seinem Amte wohl vorzustehen, sich oft die Pflichten seines Amtes mit einer gewissen Stille des Geistes vorstellt, und seinen Vergnügungen entsagt, um die Wichtigkeit und die Forderungen seines Berufs in ihrem ganzen Umfange zu betrachten. Warum sehen wir es denn als eine Einfalt an, wenn ein Christ eifrig ist, die Pflichten seines Berufs und den Umfang der göttlichen Gebote, in allen besondern Fällen des Lebens, zu überdenken?

Eine der vornehmsten Pflichten der Andacht ist die Prüfung unsers Herzens. Niemand kann Gott im Geiste und in der Wahrheit anbeten, zu ihm um Vergebung rufen, sich seinen Beystand ernstlich erbitten, noch sich der Erlösung seines Sohnes getrösten, und sein Gewissen durch den Glauben beruhigen, ohne den Willen Gottes, der unsere Heiligung ist, auf sich selbst zu ziehen, und seine vielfältigen Abweichungen von diesem Willen zu überdenken. Aber sein Herz, das natürlicher Weise, aus Stolz und Eigenliebe, die Prüfung flieht, aufrichtig erforschen, in seine geheimsten Absichten eindringen,

und

und seine Neigungen, nach dem Gesetze der Vernunft und des Gewissens, und nach den Aussprüchen der Offenbarung, strenge beurtheilen, ist gewiß keine Frucht der Einfalt. Was thut der Christ, wenn er sich in der Stunde der Andacht prüfet? Er stellt sich vor dem Auge des Allwissenden in seiner ganzen Blöße dar. Er erkennet seine Thorheit als Thorheit. Und so sehr sich dessen natürlicher Weise das Herz weigert, nöthiget er sich dennoch, eine böse Handlung in allen ihren Folgen und Veranlassungen, nach dem wahren Grade ihrer Strafbarkeit, nach dem Widerstande, den man dabey gefühlet, zu betrachten, selbst jeden unreinen Gedanken zu verklagen, jedes Uebermaaß erlaubter Neigungen zu bemerken und zu bestrafen, und die bösen, aber auch liebsten, Neigungen der Natur für das, was sie sind, für Krankheiten und Schande der Seele anzusehen. Ist aber dieß wohl das Geschäffte eines schwachen Geistes? Und wenn er vor dem Angesichte des Allerheiligsten fortfährt, auch das Gute, das er thut und wünschet, in der Stunde der Andacht aufrichtig zu prüfen, sich einer löblichen Absicht, einer rühmlichen Verleugnung seiner aufgebrachten Begierden, oder einer Handlung der Liebe und des Mitleidens dankbar vor Gott zu erfreuen; wenn er, sage ich, auch den Werth des Guten, das er ausübt, und sein Wachsthum in demselben, überdenkt und empfindet; und doch seinen Stolz zurückhält, und doch im Herzen mit Demuth auf Gott und Menschen blicket, und doch seine Schwachheiten und Unvollkommenheiten beseufzet, und stets wünschet, mehr zu thun, und es herzlich bereuet, nicht genug gethan zu haben; ist dieses die Eigenschaft oder die Bemühung einer gemeinen und einfältigen Seele? Was wäre Hoheit der Seele, wenn dieses niedrige Gesinnungen seyn sollten?

Man

Man stelle sich noch die Früchte und Absichten der Andacht vor, um ihr Edles und Großes kennen zu lernen. Ihr Nutzen ist nichts Geringers, als das Wachsthum der Weisheit und Tugend, des Glaubens und der Liebe, des Eifers zum Guten und der Abneigung gegen das Böse. Durch die Andacht erwecken wir das Vertrauen auf Gott, stärken unsern Muth in Gefahren, versichern uns des Trostes im Elende und der Mäßigung im Glücke, befestigen unsere Ergebung in alle Rathschlüsse der Vorsehung von unsern Schicksalen, von unserm Leben und Tode. Auf diese Weise bildet uns die Andacht zu nützlichern Bürgern, und zu vorsichtigern und ruhigern Christen. Sie giebt uns zu allen Pflichten und Begegnissen dieses Lebens mehr Stärke und Wachsamkeit. Sie macht uns mit Gott vertraut, mit der Welt des ewigen Lebens bekannt, und geschickt, den Tod zu besiegen, und uns durch die Aussicht eines ewigen Glücks, durch den großen Gedanken unsrer Erlösung durch Jesum Christum, über den Bezirk der Erde zu erheben, und schon hier mit unserm Herzen im Himmel zu wandeln. Und der Mensch, der eine Beschäfftigung unternimmt, die ihm so große Vortheile schenket, sollte dadurch ein einfältiges Herz verrathen? Wenn ist denn die Sorgfalt für sein Glück, und zwar für das Glück der Seelen, Einfalt geworden? Wenn der Held, der sein Vaterland beschützen soll, alles unternimmt, seinen Muth anzufeuern, und alle Klugheit gebraucht, den Feinden zu widerstehen, oder sie zu schwächen; wenn er selbst durch die Gefahren gesetzter und durch seinen Verlust weiser werden lernet, und also die sichersten Mittel vorsichtig und herzhaft anwendet, um sein und seines Vaterlandes Glück zu beschützen: so heißt er mit Recht ein ruhmvoller Held. Aber der

A 5

Christ,

Chrift, der für sein unsterbliches Glück und ewiges Vaterland, für sich und seine Brüder, in dem Werke des
Glaubens und der Tugend eben das thut, der sollte ein
schwacher Geist seyn? Verstand und Freyheit, Gewissen
und Offenbarung haben, und gegen sein Glück, gegen
die Reinigkeit der Seele, unempfindlich seyn, hingegen
menschliche Ehre, Reichthümer und Freuden der Sinne,
höher schätzen, als Ehre bey Gott und Reichthum an guten Werken, als den Frieden eines guten Gewissens und
die Anwartschaft der seligen Unsterblichkeit, ist eben so
viel Thorheit, als wenn ein Regent bey dem erhabnen
Berufe, wohl zu herrschen und Millionen Menschen zu
beglücken, und bey allen dazu nöthigen großen Eigenschaften es doch für edler halten wollte, sich eine Fertigkeit im Ballschlagen zu erwerben, als Menschen ruhig
und glücklich zu machen.

Will man vielleicht zweifeln, daß die Andacht diesen
gerühmten Nutzen nach sich ziehe: so erinnere man sich
nur an die Natur der Seele und der Andacht. Man
entferne zuerst den unrichtigen Gedanken, als ob Gott
etwas gewönne, wenn wir andächtig sind; als ob unser
Andenken an ihn, an seinen Willen und seine Werke, ein
eigentlicher Dienst wäre, den wir ihm leisteten; und als
ob es ihm, wie den Großen der Welt, zur Ehre gereich-
te, wenn wir ihm unsere Ehrfurcht und Liebe, oder unsere Reue und den künftigen Eifer in seinen Befehlen, zu
erkennen geben. Gott ist kein Mensch. Er sieht unsre
Gedanken von ferne, und sah aller Menschen Herzen, in
allen ihren Wegen und Absichten, ehe seine Hand noch
Eins bereitet hatte. Er bedarf unsrer Ehrfurcht nicht,
wie der Regent der Erde der Ehrfurcht der Unterthanen
bedarf. Unsre Opfer der heiligsten Gedanken und Lob-

gesänge

gesänge vermehren seine Glückseligkeit eben so wenig, als die Opfer aller Thiere und die Erbauung unzählbarer Tempel. Gleichwohl sagt uns die Vernunft, daß wir Gott die Verehrung des Herzens schuldig sind; und Gott selbst befiehlt uns in seinem Worte das Gebet und die Andacht, als eine nothwendige Pflicht. Und warum? Nicht nur, weil die Andacht und das Gebet dem natürlichen Verhältnisse, darinne wir gegen Gott als seine Geschöpfe und Kinder stehen, höchst gemäß ist, sondern auch vornehmlich, weil Gott, der immer unsre Pflicht zu unserm Glücke machet, wohl sah, daß auch die Andacht und das Gebet ein Mittel sind, das unser Herz weiser und tugendhafter bilden kann.

Wenn wir oft und feyerlich vor seinem Angesichte erscheinen, an die heiligen und hohen Wahrheiten der Religion denken, und, losgerissen von der Erde, uns mit der Betrachtung der Güter, die uns allein in jene Welt folgen werden, unterhalten; wenn wir seine Liebe und Fürsorge über alles, und besonders gegen uns selbst, wie sie mit jedem Tage wirket, erwägen; wenn wir oft den Gedanken von seiner Allwissenheit, Macht und Heiligkeit in unsre Seele rufen; wenn wir an diesen Gott mit allen seinen hohen Eigenschaften ißt nicht nur denken, sondern uns mit ihm selbst unterhalten, selbst zu ihm denken, zu ihm reden: so wächst nicht allein unsre Erkenntniß von ihm, sondern sie wird auch lebendig und kräftig in uns; so wie Gott selbst in dieser Art des nähern Umgangs unsrer Seele gegenwärtiger wird. Seine Eigenschaften werden uns zu Bewegungsgründen der Tugend; und sowohl Ehrfurcht und Liebe, als Dankbarkeit und Vertrauen nehmen gegen einen Gott zu, den wir kennen, und immer vor Augen und im Herzen haben. Sollte ein Christ,

der

Chrift, der das Heil, das ihm der Sohn Gottes mit sei=
nem Blute erkauft hat, oft und andächtig überdenkt, der
seine göttliche Majeſtät und die freywillige Erniedrigung,
um uns ewig zu beglücken, ehrerbietig erwägt, in seinem
Herzen keinen Abscheu vor der Sünde fühlen, deren
schreckliche Strafen Chriſtus trug; keinen Eifer zur Tu=
gend, die uns seine Lehre, sein Leben und sein Tod pre=
digen, keine Liebe zu dem Erlöſer und seinen Willen?
Sollten die Drohungen und Verheißungen Gottes, die
wir uns in der Stunde der Andacht zu Gemüthe führen,
keinen Eindruck zurücklaſſen, heilig zu seyn, wie Er iſt?
Oder wird die Prüfung unsers Herzens und Wandels,
die wir itzt in dem Angeſichte Gottes unternommen ha=
ben, uns bey unsern täglichen Fehltritten nicht weiſer, und
ſtärker zum Kampfe gegen die Sünde machen, nicht mit
demüthigem Verlangen nach seinem Beyſtande erfüllen?

Wenn der Chriſt des Morgens den Gedanken mit
Ueberzeugung gedacht hat: Gott lebt, Gott regiert die
Welt, nichts iſt so geringe, das nicht unter seiner Anord=
nung oder Zulaſſung ſtehe, er hat die Haare auf deinem
Haupte gezählet, und denen, die ihn lieben, soll alles
zum Beſten dienen: so wird dieser Gedanke, wenn er
ihn des Tages bey einer bevorstehenden Gefahr, oder ei=
nem zu duldenden Verluſte, wieder in seiner Seele er=
neuert, auch seine Kraft an ihm äußern. Er wird ihn
beherzter und gelaßner machen, wenigstens dem Unmuthe
und der Troſtloſigkeit wehren, und sie nach und nach be=
ſiegen.

Wenn ich in den Stunden der Andacht Gott für mein
irdiſches und ewiges Glück danke, das heißt, bey diesen
Vorstellungen seine Liebe, mein Glück und meine Unwür=
digkeit empfinde; sollten diese Empfindungen nicht ein

Saame

Saame des Gehorsams und der Demuth werden? Wenn
ich itzt in der Prüfung vor Gott erkenne, daß ich einen
bösen unedlen Gedanken meiner Seele erlaubt, oder eine
ihm mißfällige Neigung gehegt habe; wird dieses keine
Reue, die Reue keinen Vorsatz, und der Vorsatz keine
Beßrung wirken? Und werde ich mich in der künftigen
Stunde der Andacht und Prüfung wieder vor sein Ange=
sicht wagen können, wenn meine vorige Prüfung fruchtlos war, wenn ich diese Beßrung nicht an mir finde, und
immer noch ganz mit den vorigen Fehlern vor ihm er-
scheine?

Ein Mensch, der in den Augenblicken der Andacht,
Gott in aller seiner Größe, und sich in seiner Niedrig=
keit erblickt, und der durch sein Gebet selbst ein Geständ-
niß seiner Unwürdigkeit, Ohnmacht und Dürftigkeit ab-
legt; ein solcher Mensch wird schwerlich den Stolz noch
in seinem Herzen ernähren können. Er wird schwerlich,
wenn er itzt den Gedanken in seiner Seele erneuert hat,
daß sein Nächster von eben dem Gott erschaffen, erlöset
und bewahret ist, und daß sie beide ihre Gaben, als un=
verdiente Geschenke, aus Einer wohlthätigen Hand erhalten haben; er wird, sage ich, schwerlich diesen Nächsten, wenn er mehr empfangen hat, verachten, und sich,
ihm zu helfen, oder ihn zu ertragen, schämen können.
Wer die Liebe Gottes in sich erneuert und stärket, der be-
lebet und vermehret auch zu gleicher Zeit die Liebe des
Nächsten, und erwecket so wohl den Geist der Sanft=
muth und Bescheidenheit, als des Mitleidens und der
Dienstfertigkeit.

Ist aber die Andacht ein Weg, uns in der wahren
Weisheit und Klugheit zu erhalten, sich die hohen Wahr=
heiten der Religion gegenwärtig und lebendig zu machen,

von

von seinen Pflichten sich mehr zu überzeugen, sein Herz
genauer kennen zu lernen, und Furcht und Liebe gegen
Gott zu beleben und zu vermehren: nun so ist sie ein sich-
res Mittel zu unsrer Gemüthsruhe und unserm ewigen
Glücke. Und ein solches Mittel sorgfältig, oft, mit
redlichem Herzen, in Unterwerfung gegen Gott,
anwenden, und also andächtig seyn, dieses wird stets ein
Kennzeichen eines edlen und weisen Herzens bleiben; so
wie die Geringschätzung und Unterlassung dieses Mittels
ein sinnliches und niederträchtiges Herz verrathen wird.

Ich will zu dieser Betrachtung noch einige Anmerkungen über die Art und Zeit der Andacht hinzusetzen.
Wie oft wir diese Pflicht ausüben sollen, hat uns die
Schrift nirgends befohlen. Allein wenn sie uns ermah-
net, daß wir am Gebete anhalten, daß wir immerdar
beten sollen: so verlanget sie offenbar, daß wir oft andächtig seyn sollen. Wir sind freylich nicht hier, um
unser Leben nur in andächtigen Betrachtungen zuzubrin-
gen. Gott hat tausend Bedürfnisse unsrer Erhaltung
und Bequemlichkeit dem Fleiße der Menschen überlassen,
und uns so viele und mannichfaltige Pflichten gegen uns
selbst und unsern Nächsten auferlegt. Er hat eben so
wohl befohlen zu arbeiten, als zu beten. Es kann also
nicht sein Wille seyn, daß wir der Andacht so pflegen sollen, daß wir die Geschäffte des Lebens darüber vergessen.
Die Mutter, die für ihr Haus sorgen, Kinder erziehen,
und ihrem Manne die Last seines Berufs erleichtern soll,
und es doch für ihre Pflicht hält, den größten Theil des
Tages der Andacht zu widmen, versteht das Gebot der
Andacht unrichtig, und hebt offenbar den Nutzen und
Einfluß derselben auf. Sie sollte andächtig seyn, um
eine desto sorgfältigere Mutter und Gattinn zu werden;
und

und sie wird eine schlechtere Mutter, um andächtig zu seyn.
Der Staatsmann, der zu der Stunde, wo ihn die Wohlfahrt des Landes ruft, sich für berechtiget hält, nicht zu
erscheinen, weil er seine Andacht noch zu verrichten hat,
versteht sie nicht richtiger, als sie der Arzt verstehen würde, der, um Gott erst das Opfer der Andacht zu bringen, einen Kranken zu retten verabsäumte.   Allein so
viel ist gewiß, daß Personen, welche Gott weniger in die
Umstände gesetzt hat, dringende und beschwerliche Geschäffte zu besorgen, auch einen größern Theil der ihnen
überlassenen Zeit zur Andacht anwenden können und müssen.   Und endlich kann wiederum kein Leben so beschäff-
tiget seyn, das uns nicht des Tages, oder in der Stille
der Nacht, wo nicht Stunden, doch Augenblicke zur Andacht schenken sollte.

Weder die Länge, noch die Kürze, kann überhaupt
unsrer Andacht einen Werth geben.   Unser Erlöser hat
die langen Gebete verboten, aber nicht ohne Ausnahme.
Er selbst hat zu gewissen Zeiten lange im Gebete behar-
ret.   Ich glaube also, daß es kein gutes Kennzeichen
unsers Herzens ist, wenn wir immer nur kurze Augenblicke zu unsrer Andacht finden können.   Sollten wir von
denen Stunden, die wir auf die Vergnügungen, oder auf
müßige Besuche verwenden, nichts abbrechen können,
wenn wir den Werth der Zeit und der Andacht genug
verstünden? Niemand leugnet, daß diejenige Gutthätig-
keit, da ich mir selbst von erlaubten Vergnügungen etwas
entziehe, um einen Elenden zu erquicken, größer sey, als
die Mildthätigkeit, da ich mich gleichsam nur meines
Ueberflusses entschütte.   Sollte es nicht auch edler seyn,
zuweilen seinem Vergnügen eine Stunde zu entziehen,
und sie der Erbauung seines Herzens zu heiligen?

Da

Da wir nicht zu aller Zeit gleich geschickt sind, unsre Gedanken zu Gott zu erheben: so wird es keine noth= wendige Pflicht seyn, seine Andacht an gewisse bestimmte Stunden zu binden. Allein, da wir leicht diese Uebung ganz unterlassen, wenn wir uns keine Gesetze vorschrei= ben: so würde es auch eine Vernachläßigung der Andacht seyn, wenn man gar keine gewisse Zeit für sie aussetzen wollte. Der Anbruch des Tages und die feyerliche Stille der Nacht scheint uns vorzüglich zu diesem Geschäffte ein= zuladen. Unsre Erwachung aus dem Schlafe, in wel= chem wir uns unsrer nicht bewußt waren, ist eine Art der Auferstehung für uns; und es ist sehr natürlich, nach der empfundenen Süßigkeit des Schlafes, bey dem Ge= fühle neuer Kräfte, und dem majestätischen Anblicke der wieder aufgehenden Sonne, Empfindungen der Dankbar= keit und Ehrfurcht in sich zu erwecken. Eben so muß es am Ende des Tages einem empfindlichen Herzen leicht seyn, sich durch die Vorstellung der genossenen Freuden und der überstandenen Beschwerlichkeiten, der begangenen Fehler und des vollbrachten Guten, in die Empfindungen des Dankes, der Reue und des Vertrauens auf Gott, zu setzen, dessen Schutz in dem hülflosen Zustande des Schlafs am meisten in die Augen fällt. Allein sollten deswegen nicht auch am Tage sich gewisse bequeme Zeit= punkte zur Andacht darbieten, wenn wir nur begierig wä= ren, sie aufzusuchen, wenn wir uns weniger mit unnö= thigen Sorgen und Geschäfften beschwerten, weniger für die Eitelkeit und Mode lebten, und uns über gewisse Vor= urtheile des sogenannten Wohlstandes, der oft nur eine Verschwendung der Zeit ist, hinwegsetzten? Sollte es in der Einsamkeit nicht edler gehandelt seyn, einen Blick in unser Herz und unsre Absichten, in die besondre Vor=

sehung

ſehung Gottes bey dieſem oder jenem Umſtande des Lebens zu thun, ſich mit einer großen Wahrheit der Religion zu unterhalten, als an ein Nichts zu denken, oder einer Begierde der Eigenliebe, einem Traume des Glücks und einer nichtswürdigen Neuigkeit nachzuhängen?

Vielleicht gewöhnet man ſeinen Geiſt zu wenig, an der Andacht Geſchmack zu finden; und vielleicht iſt man eben deswegen öfter aus Mangel des Verſuchs, als aus einem wahren Unvermögen, zur Andacht ungeſchickt. Wir fühlen zuweilen, wenn wir uns zu einer Arbeit des Verſtandes anſchicken, eine gewiſſe Trägheit, die uns den glücklichen Erfolg abſagt. Indeſſen verſuchen wirs, und wir finden oft am Ende, daß wir nie glücklicher gearbeitet haben. Warum ſtellen wir nicht eben dieſe Verſuche bey unſrer Andacht an? Wiſſen wirs voraus, daß ſie mißlingen werden? Und können wir nicht abbrechen, wenn wir fühlen, daß wir keine Gewalt über unſre Seele haben? Erſchöpft von ſtrengen Arbeiten, voll von dem Geräuſche einer großen Geſellſchaft, die man itzt verlaſſen, oder träge nach dem Genuſſe der Mahlzeit, oder mürriſch nach einem Verdruſſe in ſeinen Angelegenheiten, zur Andacht eilen, heißt ungeſchickt ſich zu ihr nahen. Die Würde und den Nutzen der Andacht ſich nicht vorſtellen, ehe man ſie anfängt, heißt ſich nicht gehörig dazu vorbereiten, und eben dadurch ſich ſelbſt ihres Segens berauben. Die gehabte Andacht nicht durch die Ausführung unſers angelobten Vorſatzes den Tag über fortſetzen, heißt ſich die Andacht beſchwerlich und ſchrecklich machen. Wer das Wort Gottes nicht mit einem guten Herzen hört und bewahret, bey dem bringt es keine Früchte; und wer nicht mit einem guten Herzen ſich zur Andacht vorbereitet, und ihre Kraft nicht darinne bewahret,

B   wird

wird von der Andacht vergebens hoffen, daß sie ihn weiser und frömmer machen soll; denn es war keine Andacht,
es war nur ein Schatten derselben. Warum hört Gott die
Sünder nicht, wenn sie beten? Weil sie kein aufrichtiges
Verlangen nach den Gütern des Heils haben, um die sie
bitten. Und wie können wir glauben, daß Gott unsre Andacht segnen werde, wenn er sieht, daß wir selbst kein Verlangen nach diesem Segen haben, und daß wir vor ihm
erscheinen, wie der Knecht vor seinem Gebieter, mit Widerstande und einem heimlichen Wunsche, daß man der Andacht überhoben seyn möchte?

Man kann leicht seine Andacht als ein verdienstliches
Werk bey Gott ansehen, wenn man glaubt, daß sie Gott
angenehm sey, und daß man ihm dadurch einen besondern
Dienst erzeige. Man denke also stets daran, daß sie unsre Pflicht, und zwar eine Pflicht sey, die Gott uns zum
Besten verordnet hat; und daß er Gott ist, und als Gott
handelt, ohne unser Gebet. Sind endlich alle Opfer der
Pflicht bey Gott nur geltend, wenn wir sie im Vertrauen
auf die Fürbitte und das Verdienst des Erlösers, das allein unsre Mängel bedecken und uns vor Gott einen Werth
geben kann, ihm darbringen: so kann man leicht einsehen,
daß alle unsre Andacht, die von keinem Glauben an den
Erlöser geheiliget wird, vor Gott nichts mehr sey, als
der Laut der Musik, die wir ihm in den Tempeln bringen;
denn Gott ist nicht ein Mensch, der durch unsre Bitten
und Wünsche, durch Worte und Töne zur Gnade bewegt
würde. Weder die Menge der Gebete, noch der Betenden,
giebt eigentlich unsrer Andacht die Kraft bey Gott, sondern
die Hoffnung auf seine Barmherzigkeit, und seine Verheis-
sung, uns um Christi willen zu begnadigen und zu erhören.
Dieser Glaube muß die Seele unsrer Andacht, so wie unsers
ganzen Christenthums seyn.   Lehren

Lehren

eines Vaters

für seinen Sohn,

den er

auf die Akademie schickt.

Lehren eines Vaters
für seinen Sohn,
den er
auf die Akademie schickt.

Mein Sohn,

Jch wiederhole Dir hier die Lehren schriftlich, die ich
Dir theils von den ersten Jahren an, theils zu
der Zeit, da ich Dir die Akademie von ferne
zeigte, gegeben habe. Laß Dir diese Schrift einen be-
ständigen Beweis meiner Liebe gegen Dich, und auf dem
Wege, der Dich nun näher zu Deinem Glücke führen
soll, eine tägliche Ermunterung seyn. Du trittst in eine
neue Lebensart, und in eine Dir noch fremde Welt; und
ich und Deine rechtschaffnen Anführer haben Dich zu keiner andern Absicht so sorgfältig bis in Deine erwachsnen
Jahre geleitet, als um Dich in den Stand zu setzen, daß
Du nunmehr Dein eigner behutsamer Führer werden, und
den Schritt aus Deines Vaters Hause, den Schritt in
die große Welt, zu Deiner Wohlfahrt thun könnest. Ich
kenne Dein gutes Herz, Deine Liebe zu mir, Deine Begierde nach Wissenschaften, und nach dem Beyfalle der
Verständigen, ich kenne Deine Tugend; ich kenne aber
auch die Fehler Deines Alters und Temperaments, den
Mangel Deiner Erfahrung, den verführerischen Reiz des

Lasters

Lasters nnd die Gefahren der großen Welt, in denen das beste Herz unterliegen kann, wenn es sich nicht mit täglicher Vorsichtigkeit und Klugheit waffnet. Höre mich denn an, mein liebster Sohn, den ich nicht allein für diese Welt, sondern für die Ewigkeit erziehen will. Der Gott, der Dich mir gegeben hat, wird Rechenschaft von mir fordern, wie ich Dich gebildet habe; aber er wird auch von Dir Rechenschaft fordern, wie Du der unterrichtenden Liebe Deines Vaters gefolgt bist.

Eben die Jahre, in denen Du itzt stehst, sind die entscheidenden Jahre Deines Lebens. Sie sind gefährlich wegen der Heftigkeit der jugendlichen Leidenschaften, die sich so oft der Weisheit und Tugend widersetzen, und wegen der Freyheit, die Du erlangst, vieles nach Deinem Wohlgefallen zu thun, oder zu unterlassen; eine Freyheit, die so vielen auf der Akademie eine Ursache ihres Verderbens geworden ist.

Du widmest Dich den Wissenschaften, die Deinen Verstand und Dein Herz ausbilden und Dich zum Dienste der Welt, und zur Beförderung Deines eignen Glücks, geschickt machen sollen. Diese doppelte Absicht ist ein göttlicher Ruf; und dieser Ruf, der Deiner natürlichen Neigung gemäß ist, muß Deinem Studiren Leben und Würde ertheilen. Studire also nie, um nur Andre an Einsichten zu übertreffen, um in der Welt mit dem Namen eines großen Gelehrten zu prangen, um hohe Würden zu ersteigen, und durch Reichthümer und Pracht Deinen Fleiß belohnet zu sehen. So lange Du in dieser Absicht studirest, so verderbest Du Dein Herz durch Eitelkeit und Stolz, zu eben der Zeit, da Du Deinen Verstand und Dein Gedächtniß mit Kenntnissen und Einsichten bereicherst, die an sich sehr nützlich sind, Dir

selbst

ſelbſt aber wenig Nuhen ſchaffen. Studire zur Ehre
Gottes, das heißt, wende Deine Kräfte zur Erlangung
der Weisheit und Tugend, zur beſtändigen Ausübung der-
ſelben, und zu ihrer künftigen Ausbreitung unter den
Menſchen, aus Gehorſam gegen Gott, an: ſo verherr-
licheſt Du die göttlichen Abſichten, und ſo ſtudireſt Du
chriſtlich ſchön. Die Religion, mein Sohn, wie Du
oft von mir gehöret haſt, iſt kein bloßer Gegenſtand des
unmittelbaren Gottesdienſtes und der geheimen Stunden,
die wir der Andacht ſchenken. Wir entehren ſie, wenn
wir ihre Uebung nur als ein Opfer betrachten, das wir
Gott in gewiſſen Zeitpunkten bringen ſollen. Sie iſt
eine göttliche Weisheit, die uns gegeben iſt, unſer Herz
edelgeſinnt und ruhig zu machen, und die daher in unſer
ganzes Leben einfließen ſoll. Wir können und ſollen die
Wiſſenſchaften aus eben der Abſicht treiben, aus der wir
beten, oder ein Werk der Liebe ausüben; aus der großen
und auf Gott gerichteten Abſicht, unſre Pflicht zu erfüllen; die Pflicht, die er uns aufgelegt hat, alle nützliche
Mittel zur Verbeſſerung unſrer mannichfaltigen Kräfte
und Fähigkeiten ſorgfältig anzuwenden, um dadurch unſer eigen Glück und das allgemeine Beſte zu befördern.
Setzen wir auf beiden Seiten gleichviel Luſt, Fähigkeit,
Fleiß und Gelegenheit voraus, welche die Gelehrſamkeit
erfordert: ſo iſt es gewiß, daß ein Studiren, welches
durch eine ſo edle Abſicht belebt wird, glücklicher von ſtat-
ten gehen muß, als die Erlernung der Wiſſenſchaften,
die ihre Nahrung nur aus unſrer Eitelkeit, oder aus un-
ſerm Eigennutze zieht. Ein Fleiß, den wir mit jedem
Morgen durch die Betrachtung, daß er unſre Pflicht
und unſer Glück iſt, erwecken; den wir durch Klugheit
und nach den Vorſchriften erfahrner Männer des Tages

über

über fortſetzen; ein ſolcher geſetzter und in guter Ordnung durch ganze Jahre forteilender Fleiß, wird eine weit reichere und geſegnetere Erndte bringen, als der gierigſte Fleiß eines eitlen und lohnſüchtigen Jünglings.

Wer nicht nur aus Geſchmack, ſondern auch aus Religion ſtudiret, wird ſparſamer mit ſeiner Zeit umgehen, die Hinderniſſe des Fleißes leichter überwinden, ſtandhafter in dem Plane ſeiner Unternehmungen ſeyn, eifriger, das Beſte und Nützlichſte vorzüglich zu erlernen, und befließner, ſich den Rath und den Unterricht einſichtsvoller Männer zu Nutze zu machen. Wie er nicht lernt, um zu pralen, zu ſchimmern und die Einkünfte des erſten beſten Amtes zu erbeuten: ſo wird er nicht voreilig in ſeinem Fleiße ſeyn, ſondern ſeine Reife abwarten, und ſeine Kräfte auf wahre und gründliche Verdienſte und nicht auf den Schein der Verdienſte verwenden. — Ein junger Menſch mit Fähigkeiten, der auf eine ſo geſetzte Art ſtudiret, wird wackern Männern und edlen Freunden nicht lange verborgen bleiben. Er wird eben dadurch mehr günſtige Gelegenheiten für ſeinen Fleiß erlangen, mehr Rath, mehr Ermunterung und Beyfall, mehr Unterſtützung durch gute Bücher, die er nicht beſitzt, oder noch nicht kennt. Und der dienſtfertige Verſtand rechtſchaffner Männer, welcher Vortheil iſt er nicht für den Jüngling auf der Bahn der Wiſſenſchaften?

Wer nicht nur aus Geſchmack, ſondern aus Eifer für ſeine Pflicht ſtudiret, wird ruhiger ſtudiren, als ein Andrer. Welch s Glück! Er weis, daß er bemüht iſt, ſeine Kräfte, ſeine Zeit und ſein Vermögen nach ſeiner beſten Einſicht und dem Rathe der Klugen anzuwenden; und dieſes tröſtet ihn, wenn er nicht ſtets das erreicht, was er wünſchet, und die Fehler erblicket, denen uns die
menſch-

menschliche Schwachheit jeden Tag von neuem ausseßet,
und die zu erkennen und abzulegen ein so großes Ge=
schäffte einer jeden Lebensart ist. Die Eifersucht, daß
Andre glücklicher fortrücken und ihre Talente einen größern
Umfang haben, wird ihn selten, oder doch nicht lange
beunruhigen können. Er gebraucht sein Talent, es sey
gegen die Gaben der Andern auch noch so klein, als ein
göttliches Darlehn. Er sieht es als ein Geschenk der
Gottheit an, die ihre Gaben stets weise austheilet, und
von dem, der nur Ein Pfund hat, auch nicht mehr, als
den Wucher Eines Pfundes fordert. Ist er treu in dieser
Anwendung seines Pfundes: so ist er das, was er nach
der göttlichen Bestimmung seyn soll; und Neid und Ei=
fersucht über höhere Gaben werden sein Herz nicht leicht
vergiften. Und eben deswegen, weil er sich nach seinen
Kräften mißt und von Kennern messen läßt, wird er
nicht fruchtlos nach dem streben, was er nicht erreichen
kann, sondern sich stets auf diejenige Seite wenden, wo
er nach seinem natürlichen Charakter das Meiste ausrich=
ten und den größten Nußen stiften kann. — Ein Mensch,
liebster Sohn, der in so edler Absicht studiret, der sich
täglich durch solche Betrachtungen zu der Pflicht des Fleis=
ses anfeuert, der, ohne die Mittel der menschlichen Klug=
heit zu verabsäumen, den Geber aller Weisheit um Se=
gen zu seinen Unternehmungen zuversichtlich anruft, der
hat diesen Segen auch vor Andern zu genießen. Und
eben die gnädige und weise Vorsehung, die den Plan un=
sers Schicksals angelegt hat, ehe wir noch waren, wird
ihm nun auch die Wege bezeichnen, die er zu seinem
Glücke gehen soll.
Laß also diesen Gedanken, mein Sohn, daß die Re=
ligion mit unserm ganzen Leben verbunden seyn soll, nie

aus

aus Deiner Seele weichen, wenn Du glücklich und ruhig studiren, und nicht nur ein gelehrter, sondern auch ein weiſer Mann werden willſt. Sey ſtets ein ungeheuchel=ter Freund der Tugend: ſo wirſt Du ein deſto=beßrer Freund der Wiſſenſchaften und der Menſchen ſeyn! Du kannſt gelehrt werden, ohne fromm zu ſeyn; aber wiſſe, daß ein Gelehrter ohne Tugend das elendeſte und verächt=lichſte Geſchöpf iſt.

Sey früh auf, mein Sohn, um die heiterſte und bequemſte Stunde den Uebungen der Andacht und dem Leſen der Schrift zu widmen, und halte den Tag für ver=loren, den Du aus Leichtſinn, oder einer andern ſtraf=baren Urſache, nicht mit dem Opfer des Dankes und ei=nes demüthigen und kindlichen Gebets um die Gnade des Allmächtigen einweihſt; den Du nicht mit Betrachtungen über den Werth Deines Lebens, Deiner Religion, eines guten Gewiſſens, und mit der Erneuerung Deines Bun=des mit Gott, durch die Erlöſung Deines göttlichen Hei=landes, anfängſt. — Ueberdenke und ordne alsdann Deine Geſchäffte, und theile die Stunden des Tages ſorgfältig ein; und was Dir nach Deinem Plane zu thun vorkömmt, das thue mit Eifer, das thue friſch. Sind des Tages vier Stunden zu Deinen Hauptcolle=gien, viere zur Wiederholung, viere zu den Künſten und Leibesübungen genug: ſo kannſt du noch fünfe der Mahl=zeit, der Erholung und dem Freunde, und ſieben dem Schlafe ſchenken. Der Eifer der Arbeit wirkt oft in einer Stunde mehr, als der mechaniſche ſchläfrige Fleiß in drey Stunden. Sprich zu Dir: der Fleiß iſt meine Pflicht und mein Glück, und die Trägheit iſt mein Schimpf und meine Strafe. Ich kann heute thun, was

meiner

meiner Einbildung und meinen Sinnen schmeichelt; aber ich will thun, was mit meinem Verstande und Gewissen übereinkömmt. Ich will nicht ohne dringende Ursachen von meiner Ordnung weichen. Das ist mein Amt, daß ich sie fortgesetzt, und nicht nur dann und wann, beobachten soll.

Sey vorsichtig in Deinen Vergnügungen. Du hast durch Deinen Fleiß allezeit ein Recht zu Erholungen; und nie schmeckt das Vergnügen des Lebens süßer, als nach den vollbrachten Pflichten. Nie ist der Scherz erquickender, als nach einem weisen Ernste; und die wahre Weisheit macht nicht schwermüthig, sondern heiter. Genieße die unschuldigen Freuden der Natur, der Kunst, der Freundschaft und des Umgangs. Ich lade Dich väterlich darzu ein; und ich befehle Dir das erlaubte Vergnügen eben so wohl, als den Fleiß.

Ich bin ein Greis, der nicht vergißt,

Daß er einst jung gewesen ist.

Ich liebe Jünglinge, die wissen,

Daß sie einst Greise werden müssen.

Aber die Wahl und die Mäßigung des Vergnügens bleibt allezeit das Werk der Vorsichtigkeit und Weisheit. Wir sollen uns auf den blumichten Auen, die wir auf unsrer Reise durch dieses Leben finden, nur erholen, um neue Kräfte zu sammeln, den Weg zu unserm Ziele beherzt fortzusetzen. In dieser Absicht kann man selbst das Vergnügen zur Tugend machen; und so wirst Du auch den Gefahren, die oft an der Seite desselben sich verborgen halten, am ersten ausweichen. An öffentlichen Oertern

Oertern ergöße Dich lieber an der Seite des Freundes, als allein. Er wird sehen, wo Du nicht siehst; und Du wachst über Dich aus Liebe für ihn, und scheust ihn aus Achtung. Das Vergnügen des Spaßierganges, des Concerts, des guten Schauspiels, suchen, um sich von seinem Fleiße zu erholen, oder sich durch ein unschuldiges Spiel mit seinen Commilitonen zerstreuen, ist erlaubt. Hüte Dich nur vor den gefährlichen Oertern, wo die Spielsucht wohnet, die so manchen gutartigen, aber unvorsichtigen Jüngling erst um seinen Fleiß, dann um sein Vermögen, und endlich um seine guten Sitten gebracht hat. Vor den Häusern auf dem Lande, wo die Frechheit und Völlerey ihren Siß aufgeschlagen, brauche ich einen so guten Jüngling, als Du bist, nicht zu warnen. Sie sind zu schrecklich, als daß sie eine Versuchung für Dich werden könnten, so lange Du Deinem Charakter treu bleibst.

Sey gefällig im Umgange gegen alle, und habe doch nur wenig Freunde. Die Menge der Freunde ist gemeiniglich ein Kennzeichen, daß man keinen wahren Freund habe. Sie verräth den Mangel des Verstandes und der Erfahrung; sie verräth eine jugendliche Haftigkeit des Herzens, das von Natur unstet ist, immer in Abwechslung seyn will, und das, aus Begierde zu gefallen und Vieler Liebe zu erwerben, leicht zu Gefälligkeiten schreiten kann, die im Anfange Schwachheiten sind, im Fortgange Thorheiten werden, und oft, ach nur zu oft, in Laster sich endigen. Und wirst Du bey allzu vielen Freunden noch der Freund Deiner Pflicht, und der Herr Deiner Zeit bleiben? Der wahre Freund ist auch nicht stets der, der uns am ersten gefällt; und die besten

Eigen-

Eigenschaften des Freundes entdecken sich oft erst durch die
Vertraulichkeit des genauern Umganges.

> Nur dem gehört allein des Freundes edler Name,
> Der unsre Sorgen theilt, betrübt bey unserm Grame
> Mit uns in unserm Unglück weint;
> Der, eh wir bitten, hilft, uns liebt, doch uns nicht
> schmeichelt,
> Ja, träf ihn unser Zorn, nicht unsern Lüsten
> heuchelt;
> Wie selten, Sohn, ist dieser Freund!

Vertraue Dich dem Freygeiste eben so wenig, als dem
Heuchler, zum Umgange; und halte denjenigen stets für
eben so unfähig, als unwürdig, Dein wahrer Freund zu
seyn, der zu wenig Güte des Herzens hat, ein Freund
Gottes zu seyn.

Aber lerne Dich auch allein vergnügen und unterhalten, es sey auf Deinem Zimmer durch die Hülfe der Musik, oder durch das Vergnügen einer angenehmen und unschuldigen Schrift, oder durch den Reiz des Zeichnens
und Malens; oder es geschehe im Freyen, in der Flur,
in dem Garten, in einem anmuthigen Gehölze. Habe
Auge und Ohr, mein Sohn, für die Schönheiten der
Natur, und lerne Dich ihrer erfreuen, so oft Du sie em-
pfindest, und empfinde sie oft mit den Freuden der An-
betung. Unerkaufte Vergnügungen, die alle genießen
können und doch die Wenigsten genießen, sind die besten
und dauerhaftesten.— Lerne endlich, das edelste Vergnügen, mit Absicht recht gethan zu haben, lebhaft empfinden, und stärke täglich durch diese Freude des Herzens die Liebe zur Religion und Tugend. Sie, diese
Freude

Freude, giebt neuen Muth und ist ein tägliches Wohlle-
ben der Seele.

Es ist kein gutes Kennzeichen, wenn ein Jüngling
nur den Umgang der Jünglinge, und nicht auch der Männer, ja selbst der Greise sucht. Durch ihren Ernst muß
er seinen Leichtsinn, und durch ihre Bedachtsamkeit seine
Hitze mäßigen lernen. In ihrem Umgange muß seine
Klugheit reifen, und durch ihren Beyfall seine Ehrbe-
gierde genähret werden. Es ist ein Fehler großer Männer, wenn sie lehrbegierigen Jünglingen den Zutritt zu sich
schwer machen, oder sie kaltsinnig annehmen und eben so
frostig von sich lassen. Aber es ist ein noch größrer
Fehler, wenn ein Jüngling nicht die erlaubten Wege, zu
der genauern Bekanntschaft eines wackern Mannes zu gelangen, mit Sorgfalt und Bescheidenheit sucht. Sey
nie zu stolz, dieses Glück hoch zu schätzen, und dünke Dich
nie zu weise, den Rathschlägen eines Kenners zu gehor-
chen. Danke ihm durch Ehrerbietung, ohne ihm durch
schmeichlerische Complimente beschwerlich zu fallen. Sey
aufrichtig ohne Unbedachtsamkeit, und lehrbegierig ohne
Schwatzhaftigkeit. So lange Dich eine bescheidne Lehr-
begierde beredt machet, wirst Du bey allen kleinen Fehlern immer noch gefallen. Gewinnt er Dich werth, (und
dieses Glück erwarte mehr, als daß Du es erringen solltest); erlaubt er Dir einen freyen Zutritt, zieht er Dich
zu seinen Vergnügungen, oder zu seinen Büchern, oder
zu seiner Mahlzeit: so bilde Dich zwar nach seinem Beyspiele, aber ohne er selbst seyn zu wollen, und vergiß
nicht, daß die Miene des reifen Mannes den Jüngling
nicht ohne Ausnahme kleidet, und daß die Fehler Deines
Gönners das am wenigsten sind, was Du nachahmen
sollst. Außer diesen Vortheilen wird Dich die Scheu

vor diesem Manne von vielen jugendlichen Vergehungen zurück halten; so wie die Achtung für ihn und die Gesellschaft, in die er Dich zieht, Deine Sitten angenehmer machen wird. Denke bey einer Thorheit, die Dich reizt: Aber was würde dieser rechtschaffne Mann von mir urtheilen? Getraue ich mir, sie ihm zu erzählen, ohne zu erröthen? Würde er sich nicht meiner schämen; und würde ich ihm nach einer offenbaren Ausschweifung noch mit Muth unter die Augen treten können?

Bey dem Umgange mit dem andern Geschlechte kann ich Dir keine besondern Regeln ertheilen. Sey wachsam, mein Sohn, und hüte Dich, keiner Neigung Raum in Deiner Seele zu verstatten, die Du nicht Deinem strengsten Freunde ohne Schamröthe solltest gestehen können. Die Versuchungen dieser Leidenschaft, Theuerster Sohn, sind stark; aber die Waffen der Religion und der Wachsamkeit sind stärker, als die Versuchungen. Die Stimme dieser Leidenschaft ist die süßeste; aber die Stimme der Religion: wie sollte ich ein solch groß Uebel thun! hat göttliche Kraft. Bedenke oft, daß der natürliche Trieb der Liebe uns von dem Allmächtigen zu weisen und heiligen Absichten eingepflanzet worden, die Du einst in Deinen männlichen Jahren ohne Verletzung Deiner Unschuld, in den sanften Fesseln der Ehe, zur Erhaltung der Welt, beglückt durch die Freundschaft und Liebe der Gattinn, erfüllen sollst. Ich liebe Dich; wie m *); und ich würde lieber sterben, als die entsetzliche Nachricht erleben, daß Du Dich dem Laster Preis gäbest. Denke an diese Liebe Deines Vaters, daß sie Dich vorsichtig und wachsam erhalte; doch denke unendlich mehr an die Liebe Deines allmächtigen Vaters im Himmel, der Du durch eine wissentliche Ausschweifung auf

eine

eine schreckliche Art entsagest. Ja, mein Sohn, (und
mein ganzes Glück, so lange Du rechtschaffen bist,) befe=
stige diese Seite Deines fühlenden Herzens itzt und künf=
tig, und täglich. Beschäfftige Dich ernstlich, und auch
in den Stunden der Erholung sey nie ganz müßig. Sey
enthaltsam in dem Genusse der Speisen und Getränke.
Hüte Dich, ich bitte Dich väterlich, vor jenen Schriften
der Poesie und Beredsamkeit, wo das Laster, in den
Schleyer der Anmuth gekleidet, auftritt und die Leiden=
schaften durch Witz überredet. Entziehe Deine Blicke
wollüstigen Gemälden. Sie bezaubern die Einbildungs=
kraft und tödten das Gefühl der Unschuld. Laß Dein
Auge in dem Umgange mit dem andern Geschlechte Dir
nicht gebieten; sondern sey Du sein Herr, und ersticke den
unerlaubten Wunsch in seiner Geburt; dieß ist das Amt
der Schamhaftigkeit.

> Erzittre vor dem ersten Schritte,
> Mit ihm sind schon die andern Tritte
> Zu einem nahen Fall gethan.

Doch die Wollust, in der Gestalt der Wollust, wird Dich
so leicht nicht verführen; ich kenne Dein gutes Herz.
Aber diese Leidenschaft in der Gestalt erlaubter Freund=
schaft und unschuldiger Gewogenheit, diese ist einem gu=
ten Jünglinge nicht selten am gefährlichsten. Er geht oft
Jahre lang mit liebenswürdigen Personen des andern Ge=
schlechts um. Er fühlt nichts, als Hochachtung; und kei=
ne Gefahr. Er bleibt frey; die Zeit vermehret die Ver=
bindlichkeiten des unschuldigen Umgangs; und seiner Güte
sich bewußt, wird der Jüngling zuversichtlicher, ohne
strafbar zu werden. Sein gesittetes Bezeigen wird mit
Vertrauen belohnet, seine Bescheidenheit mit freundschaft=
lichen

lichen Gefälligkeiten. Er wagt eine geringe Vertraulichkeit, noch an der Hand der Unschuld. Er erlaubt sich
von Zeit zu Zeit die Erneuerung derselben, nicht in einer
zügellosen Absicht, davor würde er erzittern. Unbekannt
mit der wahren Beschaffenheit seiner Empfindungen, glaubt
er an seiner Freundinn nur die Tugend zu lieben, und
liebt schon gefährlich; und so schreitet er oft fort, und sieht
sich in einer unseligen Minute von einer lasterhaften Liebe
unter der Gestalt der Freundschaft, gefangen, und wenn
nicht ein wachsamer Freund, oder ein Gedanke der Religion noch sein Schutzengel wird, gefället. — Setze also,
mein Sohn, auch bey dem erlaubtesten Umgange mit dem
andern Geschlechte, der für sich den angenehmen Sitten
zuträglich ist, setze, sage ich, itzt und künftig noch ein edles
und geheimes Mißtrauen in Dein Herz; und zweifle nicht,
daß wenn Dich die Neigung zu einer Person von der
Pflicht Deines Fleißes, von der Liebe der Wissenschaften, von der Seite Deines Freundes und von dem Gebete abzieht, daß sie, sage ich, bald für Dich verderblich
seyn werde, wofern sie es nicht schon ist.

Deine Fehler, so wohl auf dieser Seite, als in den
übrigen Verhältnissen des Lebens und der Pflicht, zu kennen und zu verbessern, lasse Dir mit jedem Ende des
Tages die Prüfung, die sorgfältige Prüfung Deines Herzens, Deiner Gesinnungen, denen Du den Tag über gefolgt bist, und alles dessen, was Du in Deinem Fleiße
und in Deinen Erholungen, in Gesellschaft und in der
Einsamkeit, gedacht, geredet, gethan, von mir väterlich
empfohlen seyn. Wer war ich in den Vormittagsstun-
den; wer des Nachmittags; wer diesen Abend? Wer

C   war

war ich? War ich mein eigner Freund, der Freund der
Pflicht, der Mäßigkeit, der Arbeitsamkeit, der vernünf-
tige und gefällige Freund des Umganges, der Freund
der Religion, und der Diener Gottes? Werde jeden Tag
gelehrter, werde ein Wunder der Gelehrsamkeit; nimmst
Du an Tugend und Liebe Gottes ab, mein Sohn: so
wirst Du jeden Tag elender.

Laß mich nun einige Erinnerungen hinzu fügen, die
die Art Deines Studirens und Deiner Oekonomie näher
betreffen sollen.

Art zu stu-
diren.
Setze das Lesen der Alten, in deren
Sprachen und Werken Du unterrichtet bist,
in Deinen akademischen Jahren so wenig bey Seite, daß
Du Dir vielmehr ein Gesetz daraus machest, die besten
noch täglich zu studiren. Bestimme Dir eine Stunde
darzu, und weiche nicht von dieser Regel ab, wenn Du
die höhern Wissenschaften gründlich fassen willst. Die
Alten sind in der Geschichte, in der Beredsamkeit und
in der Poesie, die Quellen und zugleich die Beyspiele; sie
sind es auch zum Theile in der Philosophie. Je bekann-
ter Du mit ihnen bist, desto glücklicher wirst Du die Geschichte und Philosophie, die kein Gelehrter entbehren
kann, erlernen; und je mehr Du ihre Sprachen verstehst,
desto nützlicher und angenehmer wirst Du sie lesen. Du
wirst in der Folge finden, daß die guten Schriften der
Alten nicht Werke sind, die wir nur mit einem unreifen
Geiste auf den niedern Schulen durcheilen sollen, bloß
um die Sprachen der Alten aus ihnen zu erlernen. Die
besten unter ihnen sind nicht nur die größten Genies, nicht
ein-

einsame Gelehrte, deren Welt bloß die Studirstube war,
sondern Männer gewesen, die den Staat regiert und Heere
angeführet, und ihren Verstand in den großen Geschäfften des Lebens gebraucht und geschärft haben. Ich weis
es, daß man die Hochachtung gegen die Alten übertreibt;
daß man ihre Werke vergöttert, um die Neuen zu ver-
kleinern; daß man sie studiret, ohne sie weiter, als zur
Pralerey, zu nützen; daß man sie zur Wollust und aus
Pedanterey, oft auf Kosten der Religion und seines eignen Herzens, lieft, und ihre Schreibart so lieb gewinnt,
daß man die Schreibart der heiligen Schrift darüber ver-
achtet; daß man endlich dahin kömmt, nichts für wahr
und schön zu halten, als was Homer, Plato, Xenophon,
Horaz und Cicero gedacht und gesagt haben. Allein
alles dieses hebt die Pflicht nicht auf, die Besten der
Alten mit Fleiß und in der großen Absicht zu lesen, daß
man seinen Verstand mit ihren guten Einsichten, sein Gedächtniß mit den Kenntnissen ihrer Zeiten, und seine Einbildungskraft mit ihrem lebhaften Witze bereichere, und
lieber der bloß speculativen Philosophie, die den Geist an-
strengt, ohne ihn zu nähren, weniger Zeit schenke. Ver-
stehe mich wohl: ich bin kein Feind der gesunden Philosophie, ich müßte sonst ein Feind der Vernunft seyn. Ich
habe Dir selbst einen Vorschmack der neuern Philosophie
gegeben, und Du mußt sie hören und studiren; aber
nicht auf Kosten der andern Wissenschaften. Du mußt
nicht glauben, wenn Du die Regeln und Grundsätze eines
Systems hast verstehen lernen, daß Du alsdann gelehrt
seyst, daß du alsdann die Gabe selbst besitzest, wahr, und
richtig, und schön zu denken; eben so wenig, als Du den
Geist der Beredsamkeit besitzen wirst, wenn Du ihre Re-

geln

geln gefaßt haſt. Du wirſt dereinſt viele Männer finden, die ihr philoſophiſches Syſtem auswendig wiſſen,
und die doch ſo ſchlechte Scribenten, Redner und Lehrer ſind,
als hätten ſie nie Philoſophie gehört. — Lerne inſonderheit zeitig die gefaßten Lehren der Logik praktiſch anwenden, und treibe dieſe heilſame Uebung unter der Aufſicht
eines ſcharfſinnigen Lehrers. Du wirſt ſehen, was für
ein großer Schritt von der Regel bis zur Anwendung ſey.
Stelle dieſe Uebung zuerſt mit den Begriffen, Sätzen und
Beweiſen des Rechts der Natur und der Sittenlehre an;
ſie ſind die faßlichſten und gemeinnützigſten. Je geſün-
der und richtiger Du durch dieſe Uebung und das Leſen
der Alten haſt denken und urtheilen lernen; deſto ſicherer
vor philoſophiſchen Träumen wirſt Du Dich alsdann in
das Gebiete der bloß ſpeculativen Weltweisheit und Me-
taphyſik wagen. Du kannſt nie zu richtig und ſcharfſin-
nig denken lernen, das iſt gewiß; aber du kannſt, ver-
liebt in die Geheimniſſe der Philoſophie, die der Wißbegierde des jugendlichen Verſtandes ſo ſehr ſchmeicheln,
mit großer Begierde die Philoſophie ganze Jahre hören,
und doch nicht denken lernen, und doch einen elenden
Brief, eine abentheuerliche Abhandlung, eine leere und
kindiſche Rede niederſchreiben. Es gehören Anmerkungen und Critiken dazu, um richtig und den einzelnen Fällen gemäß zu denken; und Beleſenheit, Geſchmack und
Erfahrung, um überall ſchön und der Sache würdig zu
denken. Die Philoſophie ſeicht erlernen, benebelt nur
den Geiſt und macht ſchwatzhaft; ſie gründlich und
mit eigner Einſicht erlernen, macht heiter und vor-
ſichtig.

Halte

Halte Dir bey dem Lesen ein Diarium zu den schön-
sten Stellen, und übe Dein Gedächtniß an ihnen. Ueberhaupt weiche nicht von der Gewohnheit ab, zu der ich
Dich angeführet habe, nicht vielerley, sondern viel, nicht
so wohl alle, als die Besten oft und zehnmal zu lesen.
Erinnere Dich im Lesen stets der Regeln, die ich
Dir gegeben, daß man, um mit Vortheile zu lesen,
nicht, so zu sagen, bloß mit dem Gedächtnisse, sondern
mit seinem ganzen Verstande lesen; daß man seinen Autor
nicht mit flüchtiger Neugier durcheilen, sondern ihm mit
langsamen und bedächtigen Schritten nachgehen, und selbst
mit ihm fortdenken; daß man den Plan desselben sorgfältig aufsuchen, und durch das Ganze aufmerksam verfol-
gen; daß man die Art der Ausführung selbst genau bemerken, jeden Beweis so wohl an sich, als in der ihm ge-
gebnen Stellung betrachten, jeden neuen oder vorzüglichen
Gedanken, jede edle Gesinnung auszeichnen, und überhaupt das Beste und Wichtigste des Werkes in einem
kurzen Auszug zusammenfassen müsse. Folge diesen Regeln ferner, mein Sohn: so wirst Du nicht, wie Viele,
nur für das Gedächtniß, oder für die Eitelkeit, viel gelesen zu haben, sondern für Deinen Verstand, dein Herz,
und die wahre Bereicherung von beiden lesen. Die
Alten gehen vor; aber die Neuern folgen. Lies auch diese,
aber nie auf Kosten der erstern. Lies die guten französischen Schriftsteller aus dem ludwigischen Zeitalter. Du
wirst finden, daß sie sich größten Theils durch den Geist
der Alten gebildet haben; lies sie, sage ich, und belebe
Dich durch ihre Art zu denken. Dieß muß auch der größte Lohn für die Mühe seyn, die Du auf die französische
Sprache gewendet hast, und künftig auf die englische,

C 3

viel-

vielleicht auch auf die italienische verwenden wirst. Das Lesen der französischen Schriftsteller soll Dich zugleich in der Fertigkeit erhalten, diese so unentbehrlich gewordne Sprache zu schreiben und zu sprechen. Als ein Gelehrter mußt Du Dich gut im Latein ausdrücken können; dieses ist Pflicht. Vergiß also nicht, Dich in dieser Sprache durch Schreiben und Reden zu üben; Du wirst den Nußen dieser Geschicklichkeit in Deinem künftigen Leben sehr oft erfahren. Als ein Mann für die Welt mußt Du die Sprache des Hofs in Deiner Gewalt haben; und als ein Gelehrter für Dein Vaterland mußt Du Dich in Deiner Muttersprache leicht, angenehm, regelmäßig und glücklich ausdrücken können. Lies also auch die guten Werke in Deiner Muttersprache, und halte es nicht für eine Ehre, die Sprache Deines Landes nicht besser zu verstehen, als Dein Bedienter. Uebe Dich unter einer guten Anführung ißt in der Schreibart der Briefe und andrer kleiner Aufsäße, und in Deinem leßten akademischen Jahre in der öffentlichen Beredsamkeit. Aber werde ja kein frühzeitiger Autor, weder in der Poesie, noch in der Prosa. Man muß sein Genie erst mit Wissenschaften nähren, und die Begierde zu schreiben nicht für die Kraft zu schreiben halten. Die Autorkrankheit gleicht einem bösartigen Fieber; die ersten Anfälle sind ein gewisser sanfter Küßel, der sich endlich in eine verzehrende Hiße für das Genie und denjenigen Fleiß verwandelt, den man auf die Erlernung der Wissenschaften verwenden sollte. Lies die classischen Schriftsteller unsrer Nation, die ich Dich habe kennen lehren, und die diesen gleichen. Aber hüte Dich vor der Krankheit, nur Journale, Wochenblätter und gelehrte Tageregister zu lesen. Fliehe das Neumo-
dische

dische und das Allzugemächliche in den Wissenschaften, den Fehler unsers Jahrhunderts. Ich setze Dir
jährlich etwas Gewisses zu Büchern aus. Es soll Dir
überlassen seyn, die Bücher nach Deinem Sinne zu wählen; aber ich muß dabey auch eine Stimme haben.
Traue den Urtheilen der Zeitungen nicht zu voreilig.
Werde nicht so geizig, alle gute Bücher besitzen zu wollen;
aber sey geizig auf die Nebenstunden, in denen Du viele
gute lesen kannst. Ich lasse Dich fünf bis sechs Jahre
auf Akademien. Hier sollst Du nicht alles lesen, sondern
das Nothwendigste und Beste, und sollst Dir nebst dem Geschmack am Lesen, der Dich in Deinem ganzen Leben nicht
verlassen müsse, die Kenntniß der besten Werke erwerben,
die Du außer den Grenzen der Akademie noch lesen
kannst. Zu dieser Kenntniß ist der genauere Zutritt zu
einer guten Bibliothek, der Umgang mit belesnen Männern, der Buchladen und ein gelehrtes gutes Tagebuch
nöthig. Aber vergiß nicht, daß man in der großen Welt
mehr, als die Kenntniß der Bücher verlangt, und daß Du
aus Mangel geographischer, historischer und ökono-
mischer Wissenschaften in dem Leben oft lächerlich und unbrauchbar werden kannst. Man erwartet es von einem
Gelehrten, daß er kein Fremdling auf der Erde seyn soll.
Und ehe Du die Geographie, und das, was zu ihr gehört, vergissest: so lies lieber hundert witzige Schriften
weniger; und ehe Du die reine Mathematik, die ich
Dich gelehret habe, verlerneft, und Deine gute Hand
im Schreiben vernachlässigest: so lerne lieber eine Sprache weniger.

Dein

Dein Diarium, was und wie Du liesest, will ich alle Quartale sehen. Du wirst mir diese Freude machen und es fortsetzen, wie Du es an meiner Seite angefangen hast. Wie wirst Du Dich einst in Deinem Alter erfreuen und verwundern, wenn Du das Verzeichniß Deiner gelesnen Schriften überschauen, und Deine Anmerkungen und Auszüge bald billigen, bald verwerfen wirst! — Mittelmäßige Schriften, ja, diese lies auch, um Dir einen Ekel an dem Mittelmäßigen zu erwecken. Schöne, aber gefährliche Schriften, lies, so gut Dein Herz auch ist, itzo nicht. Dein Vergnügen ist mir so lieb, als das meinige, und Du weißt, daß ich Heiterkeit und Feinheit des Witzes liebe; aber der Witz in einem ungesitteten Werke, (und wäre er auch der feinste, der Witz eines Crebillon,) ist nichts beßers, als die Schönheit in dem Hause der Unzucht, und um desto verführerischer, je mehr er dem Laster die Anmuth und Miene der Unschuld zu geben weis. Die Zeit der Ferien und Messen wende vornehmlich zum Lesen und zur Wiederholung an. Denn wenn Du nicht auch unter Deinen Büchern durch Privatfleiß und eignes Nachsinnen Dein täglicher Lehrer wirst: so kannst Du ewig die Collegia besuchen, und doch auf der Bahn der Wissenschaften nicht weit fortrücken. Fliehe die Examinatoria nicht; sie haben mehr, als Einen Nutzen. Ueberhaupt, mein Sohn, höre hier noch eine Warnung, die Dir bey Deinem akademischen Fleiße stets wichtig und gegenwärtig seyn muß. Laß die Hauptwissenschaft, mit der Du einst der Welt in einem öffentlichen Amte nützen sollst, und die Du nach einer sorgfältigen Prüfung Deiner Gaben und Umstände, auf den Rath einsichtsvoller Männer, gewählt hast, auch stets

das

das Hauptziel Deines Fleißes seyn. Widme ihr täglich
einen beträchtlichen und festgesetzten Theil Deiner Zeit;
und laß Dich die oft angenehmern Nebenstudien nie zu
weit von Deiner Hauptbahn ableiten, so rauh und müh-
sam sie auch ist. Sey stets auf Deiner Hut, daß der
Geschmack an den schönen Wissenschaften und Künsten
Dir gegen Deine Hauptwissenschaft nicht einen falschen
Ekel beybringe, der für dein künftiges Amt die gefähr-
lichste Krankheit seyn würde. Wie mancher junge Stu-
dirende, der nur lauter Witz und Geschmack seyn wollte,
und der itzt mit eben so viel Ungeschicklichkeit, als Abneigung, sein öffentlich Amt antritt, würde dasselbe mit mehr
Brauchbarkeit, Glück und Zufriedenheit verwalten, wann
er sich vor dieser Krankheit verwahret, und mehr für seine Pflicht und sein Amt, als für sein Vergnügen studiret
hätte! Hüte Dich, mein Sohn, vor diesem Mißbrauche
der schönen Wissenschaften um so viel mehr, je natürlicher er dem jugendlichen Herzen ist. Die schönen Wissenschaften sollen Dir den Geschmack an den nützlichern
und ernsthaftern nicht benehmen, sondern Dich vielmehr
stärken und geschickt machen, Deinen guten Geschmack,
Deine feinere Urtheilskraft auch hier zu gebrauchen, und
zu zeigen. Sie sollen Deinen Geschmack nicht verzärteln,
sondern läutern; sie sollen Dich nicht zum Stutzer in der
gelehrten Welt, sondern zum gesittetern und anständigern
Gelehrten machen.

Oekonomie. Lerne die Sparsamkeit, die nicht allein
für sich, sondern wegen ihres Einflusses in
höhere Tugenden schätzbar ist. Kein Fürst ist zu reich, daß
ihn die Sparsamkeit nicht ehren und die Verschwendung

nicht

nicht beschimpfen sollte; und ein Mann, der mit dem Gelde nicht umzugehen weis, wird sich oft in die Umstände setzen, die ihm, wo nicht die nothwendigen Bedürfnisse, doch viele Zeit, Ruhe und Kräfte des Geistes, und tausend Gelegenheiten, Gutes zu thun, rauben, und ihn selbst wider seinen Willen zwingen werden, in vielen Fällen kein ehrlicher und rechtschaffner Mann zu seyn. Deswegen ist die Sparsamkeit eine rühmliche Tugend, und, weil sie selten die Tugend des jugendlichen Alters ist, eine Pflicht, zu der ich Dich desto feyerlicher ermuntern muß. Sey also haushälterisch zuerst in Kleinigkeiten, die einzeln wenig betragen, und um desto leichter verführen, die aber in der Folge, zusammen genommen, so gut eine ansehnliche Verschwendung ausmachen, als hätten wir die Summe auf einmal verthan. Nicht kaufsüchtig seyn, sagt ein römischer Consul, dem Könige gehorchten und Schätze vergebens anbieten konnten, nicht kaufsüchtig seyn, ist eine große Einkunft. Tausend Dinge, die ihres Geldes sehr wohl werth sind, aber weder von der Nothwendigkeit, noch von dem Wohlstande anbefohlen, sondern nur von der Mode, von der Geschicklichkeit des Künstlers und von dem Auge, das das Neue und Seltne liebt, empfohlen werden, gehören in die Classe der Ausgaben, für die Du zu arm seyn mußt, um reich zu Nothwendigkeiten, erleichternden Bequemlichkeiten, Wohlthaten für Arme und guten Büchern zu seyn. Es ist Verschwendung, wenn Du, um ein kostbares Geräthe zu haben, das nur das Auge füllt, Dich arm machest, die Kosten eines erlaubten Vergnügens, einer Spazierfahrt und eines Aufwands für den Besuch Deiner Freunde zu bestreiten. Ein nützlich Buch ist eine rühmliche Ausgabe; und oft wird dieses Geld,

zur

zur Erquickung eines Elenden angewandt, eine weit rühmlichere Ausgabe seyn. Sey nie so arm, daß Du nichts für einen Unglücklichen ersparen könnest. Sey nie so sinnlich, daß Du Dir zuweilen nicht auch erlaubte Vergnügungen, gesetzt, daß sie noch so wenig Aufwand verlangten, versagen könntest; so wohl um Herr über Deine Neigungen, als Herr über Dein Vermögen zu seyn. An dem Vermögen Deines Vaters sollst Du mit demjenigen umgehen lernen, das Du künftig Dir selber erwerben wirst. Vor groben Verschwendungen, die unmittelbar in Schulden stürzen, warne ich Dich nicht; Du bist zu weise dazu. Allein auch die bloße Sorglosigkeit in den kleinen Ausgaben machet uns anfangs zu verschämten und endlich wider unsre Absicht zu bösen und ungerechten Schuldnern, nach der Vernunft und Religion, zu Räubern. Siehe alle Wochen und alle Monate Deine Rechnung durch. Gefällt es Dir, so schicke sie mir monatlich. Handle aufrichtig, ich verringere Dir Dein Geld wegen unvorsichtiger Ausgaben nicht; und ich erhöhe Dirs nicht anders, als freywillig, und wenn Du es bedarfst. Sey Deines Vaters durch aufrichtige Liebe werth, so wie ich des besten Sohnes durch Sorgfalt werth seyn will. Wie Dich die Sparsamkeit vom Spiele, vom Weine und der Pracht in Kleidern abhält: so wird sie Dich auch von allen den Gefahren, oder dem Lächerlichen entfernen, welches mit diesen Gegenständen verbunden ist. Ohne sie, wirst Du, auch bey dem eifrigsten Fleiße, den Ruhm der guten Lebensart nicht lange behaupten, und Deinem Fleiße selbst manches Hinderniß erschaffen: so wie Du ohne sie, auch bey der größten Gelehrsamkeit und allen andern Verdiensten, zu vielen

öffent-

öffentlichen Geschäfften unbrauchbar und ein unglücklicher
Hausvater seyn wirst. Unser äußerlicher Wohlstand
hängt von tausend Kleinigkeiten ab, bey denen wir, so
wenig sie einzeln zu sagen scheinen, Aufmerksamkeit und
Sorgfalt anwenden müssen; und die keinen großen Verstand, noch weniger aber Gelehrsamkeit erfordern. Aber
eben weil alle Menschen hiezu Einsicht genug haben: so
ist es dem Gelehrten um desto schimpflicher, wenn er in
den Fällen Verstand zu haben vergißt, wo ihn der gemei-
ne Mann hat, und da nachlässig wird, wo sich die Nachlässigkeit mit Mangel oder Verachtung und Gelächter,
selbst bestrafet. — Die Ordnung gehöret zur guten Wirth-
schaft, wie der Ton zur guten Aussprache; und die Ordnung ist bald eine Frucht, bald die Quelle der Sparsamkeit. Viele Bedürfnisse des äußerlichen Wohlstandes
und der Bequemlichkeit behalten ihre Dauer oder ihre
Schönheit länger, je nachdem wir sorgfältig und ordent-
lich mit ihnen umgehen; und auf diese Art ersparen, ist
eine weise Kunst, und für einen Menschen, der gut denkt,
eine große Pflicht. Gesetzt, Du könntest ohne den Wohlstand zu beleidigen, durch diese Sorgfalt in etlichen Jahren Dir die Kosten eines Kleides ersparen und dafür einen rechtschaffnen und armen Freund kleiden; fühlest
Du nicht, daß diese Sorgfalt etwas sehr edles seyn würde? Betrachtest Du die Sparsamkeit von dieser Seite, so
wird sie sehr ehrwürdig; sie ist alsdann kein bloßer Rath
der Klugheit mehr, der zur Tugend führet, sondern sie
ist das Werk der Tugend selbst. Das Vermögen ist ein
Mittel zu unzähligen guten Absichten; und es verwahrlosen ist deswegen schon mehr, als Thorheit. Eine un-
besonnene Verwahrlosung, oder ein unrichtiger Gebrauch
des

des Vermögens, ernährt alle die Begierden des Herzens, aus denen wir es verwahrlosen; es sey Trägheit, Sinn- lichkeit, Eitelkeit, Leichtsinn, Liebe zur Pracht, oder eine andre schlimme Neigung. Eben daher ist eine üble Haushaltung mehr als Thorheit, weil sie das Herz un- vermerkt verderbt, wenn sie auch unserm äußerlichen Glü- cke nicht schaden sollte. Ein Verschwender kann nie ein kluger Mann, und eben so wenig ein tugendhafter Mann seyn. Die Verschwendung aber findet bey geringem Ver- mögen so wohl, als bey großen Schätzen statt. Lerne also sparsam seyn, als Jüngling, um das gewisse Glück zu haben, es als Mann zu seyn. Ein junger Verschwen- der, wenn ihn die traurige Erfahrung weise, oder dürftig gemacht hat, wird gern ein alter Geizhals; und der Geiz, mein Sohn, entehre das Blut meines Hauses so wenig, als die Wollust und die Verschwendung! Halte Dich nicht für zu vornehm, gewisse Kleinigkeiten der Ordnung selbst zu besorgen, sondern lerne vielmehr an ihnen, in wichtigen Dingen sorgfältig zu seyn. Und wenn ich auch noch so viel Reichthümer besäße, die ich doch nicht besitze: so würde ich Dir eben diese Regeln geben, und niemals mehr zum Aufwande, als Dein Stand erfordert; denn ich liebe Dich als ein vernünftiger Vater, und als ein vernünftig gütiger Vater will ich Dich erziehen. Nicht die blinde Liebe, sondern die gewissenhafte wird mich stets bey Deinen Ausgaben leiten. — Lebe so auf der Akade- mie, wie Du einst in Deinem Alter gelebt zu haben, wün- schen wirst! Lebe so, daß Du einst ohne Schamröthe und Zittern, daß du mit Freuden und unverletztem Gewissen in Deine akademischen Jahre zurück denken kannst! Hier- mit segne ich Dich mit väterlichen Umarmungen und

bete,

bete, daß du mit den Schätzen der Weisheit und Tugend einst zurück in meine Arme und in die Dienste der Welt kehrest. Mit mehr Gelehrsamkeit, und weniger gutem Herzen werde ich Dich kaltsinnig, mit nützlichen Wissenschaften und frommen und angenehmen Sitten werde ich Dich voller Entzückungen empfangen. Sey das größte Genie der Erden und kein rechtschaffner Mann: so weine ich, Dir das Leben gegeben zu haben. Und hiermit lebe wohl, bester Sohn.

Von den
Ursachen des Vorzugs
der Alten vor den Neuern
in den
schönen Wissenschaften,
besonders
in der Poesie und Beredsamkeit;
Eine Vorlesung,
auf hohen Befehl
Seiner Churfürstl. Durchl.
zu Sachsen,
den 12 October, 1767,
auf der
Universitätsbibliothek zu Leipzig
gehalten.

Von den

Ursachen des Vorzugs

der Alten vor den Neuern in den schönen Wissenschaften, besonders in der Poesie und Bered- samkeit.

Auf gnädigsten Befehl unsers Durchlauchtig- sten Churfürsten, der heute wieder, mit so vieler Gnade und Ermunterung für uns, unsere Hör- säle seiner Gegenwart würdiget, soll ich noch zum Be- schluße in der Kürze von den Ursachen des Vorzugs der Alten vor den Neuern, besonders in der Poesie und Beredsamkeit, reden. Welche Pflicht für mich, dem Krankheit und Jahre schon lange das Feuer entzogen

D   haben,

haben, das eine Rede beleben soll! Möchte ich doch diese
Pflicht, durch die Liebe und den Eifer für unsern Theuer-
sten Fürsten begeistert, auch bey dem geringen Ueberreste
meiner Kräfte, so erfüllen können, wie es die Würde
dieses Tages verlanget!

Die größten Gelehrten und Kenner des Alterthums
gestehen mit einer gewissen Selbstverleugnung den Alten
den Vorzug vor den Neuern, insonderheit in der Poesie
und Beredsamkeit, zu; und man muß entweder stolz
genug seyn, den Urtheilen ganzer Jahrhunderte zu wi-
dersprechen, oder man muß die Alten in dem Besitze
des Vorzugs lassen, daß sie durch ihr Exempel die Lehrer des guten Geschmacks geworden. Es kann seyn,
daß einige in ihrer Hochachtung gegen diesen oder jenen
Dichter und Redner unter den Griechen und Lateinern
zu weit gehen; daß einige da Schönheiten finden, wo
keine sind; daß sie oft Schönheiten finden, weil sie solche finden wollen; daß einige, indem sie die Alten schätzen, nicht so wohl die Verdienste derselben, als die
Mühe und den Fleiß schätzen, den sie selbst auf das Lesen
und Erklären eines dieser alten Schriftsteller gewendet
haben. Es kann seyn, daß einige die Alten nur deswegen so hoch hinaufsetzen, um sich selbst dadurch ein
desto größeres Ansehen zu geben, daß sie so geschickt sind,
sie zu verstehen, und ihren Werth zu empfinden; es
kann seyn, daß einige den Alten den Vorzug darum ein-
räumen, weil ihr Ehrgeiz weniger dabey verliert, daß
diejenigen, die vor tausend Jahren lebten, größer waren, als wenn es die wären, die mit ihnen zu gleicher
Zeit lebten; es kann seyn, daß einige, wenn sie den

Alten

Alten den Vorzug vor allen Neuern mit so freygebigen
Händen austheilen, sich zugleich durch eine schmeichelhafte
Ausnahme ihrer eignen Verdienste schadlos halten. Es
kann endlich seyn, daß Viele den Alten den Vorzug vor
den Neuern zugestehen, nicht weil sie die Alten und
Neuern gelesen, empfunden und gegen einander gehalten
haben; sondern weil dieses das allgemeine Urtheil ist,
weil es so viele Kenner vor ihnen gesagt haben, weil
man auf diese Art sich selbst leicht die Miene des Kenners geben kann; und weil es überhaupt ein gelehrteres
Ansehen hat, die Alten als die Neuern zu bewundern.
Allein, wenn auch einer oder der andre aus Vorurthei-
len, aus Eigenliebe, aus Stolz, aus Unwissenheit, die
Verehrung gegen die Alten übertrieben hätte: so sind
doch in allen Jahrhunderten unpartheyische, aufgeklärte,
scharfsinnige Richter und Kenner vorhanden, deren
Stimmen zusammen genommen, in Ansehung des Vorzugs der Alten, die Gültigkeit des schärfsten Beweises
haben. Sind gleich in den neuern Zeiten einige so dreist
gewesen, ihn zu leugnen: so sind doch gegen einen Per-
rault, gegen einen La Motte, zehn Daciere, zehn
Despreaux, zehn Popen, zehn unwiderlegliche Ver-
theidiger der Alten aufgestanden. Die geistreichen Schriftsteller des Alterthums haben die Prüfung der Welt ganze
Jahrtausende ausgehalten; sie haben in allen Zeiten und
Umständen gefallen; sie haben sich die Bewunderung ganzer Nationen erworben, die in ihren Sitten, in ihren
Meynungen und Neigungen ihnen so ungleich sind. Das
also, was an ihnen gefällt, muß ein Schönes seyn, das
nicht willführlich ist, ein aus den Quellen der allgemei-
nen Vernunft, ein aus der Natur geschöpftes Schönes.

　　　　　　　　Die

Die Alten werden durchgängig gebilliget, oft gelesen und
belohnen allezeit die Mühe des Lesens vom neuen. Die
Neuern werden nur von einigen gebilliget, weder so gern,
noch so oft von Kennern gelesen, und von diesen den Alten nachgesetzet.

Woher kömmt es also, daß diese jenen nicht gleich
kommen können? Gehen sie vielleicht nicht auf eben
dem Wege einher, auf dem die Alten giengen? Oder,
wenn sie auch, wie jene, den Weg der Natur betreten,
gehen sie ihn vielleicht nicht mit gleichen Kräften, mit
gleicher Vorsichtigkeit, mit gleicher Geduld, mit gleichem
Fleiße, durch gleiche Ermunterungen angefeuert? Dieses müßten vielleicht die Ursachen seyn, aus welchen
sich die Frage erklären läßt, warum die Neuern den Alten nicht beykommen. Ich werde diese Ursachen anfüh-
ren, ohne die Verwegenheit zu begehen, einen Ausspruch
zu thun.

Liegt der Unterschied des Vorzugs vielleicht in dem
Unterschiede der Kräfte? Haben die Neuern vielleicht
nicht die Fähigkeiten der Alten? Ist die Natur sich un-
ähnlich geworden? Hat sie sich in Hervorbringung glücklicher Geister erschöpft? Ist sie nicht mehr so freygebig,
als sie vor etlichen tausend Jahren war, oder kann sie es
nicht mehr seyn? Wer kann dieses denken? Oder ist
diese und jene Fähigkeit, diese und jene besondre Einrichtung der Seele, die zu einem großen Dichter und Redner
erfordert wird, an ein gewisses Land, an einen gewissen
Himmelsstrich gebunden? Kann vielleicht nicht jeglicher
Geist in jeder Himmelsgegend zur Reife und Vollkommenheit

menheit gelangen; so wie gewisse Pflanzen und Früchte
nicht in jedem Boden, nicht in jeder Gegend aufkom-
men? Auch dieses widerleget die Geschichte der Litteratur,
die uns beynahe aus allen Ländern und Gegenden Bey=
spiele großer Geister darstellt. Vorausgesetzt also, daß
die Natur in unsern Tagen noch eben die Fähigkeiten
austheilet, die sie vor tausend und mehr Jahren den
Sterblichen schenkte: so muß der Grund, warum die
neuern Dichter und Redner die Alten nicht erreichen, in
der verschiednen Art, diese Fähigkeiten auszubilden und
anzuwenden, enthalten seyn.

Die Werke der alten Dichter beweisen, daß die
Natur ihre Lehrmeisterinn war. Von ihr entlehnten sie
den Plan zu ihren Werken, die Einrichtung des Ganzen,
und auch die Ausführung desselben. Sie ahmten die
Natur in ihrer Einheit und Mannichfaltigkeit mit einer
sorgfältigen Wahl, und mit einer liebenswürdigen Leich=
tigkeit nach. Sie wählten das Beste, und zeigten es
auf die vollkommenste Art. Das Mittel, wodurch sie
nachahmten, nämlich die Sprache, erhuben sie ebenfalls
zu aller der Vollkommenheit, zu dem Nachdrucke, zu
dem Wohlklange, zu der Abwechselung der Sylben, zu
der abgemeßnen Rückkehr, deren sie nur fähig war.
Auf diese Weise sind ihre vortrefflichen Werke ent=
standen.

Aber eben dieser Weg, den sie gegangen sind, steht
ja auch den neuern Dichtern offen. Warum bringen es
diese nicht zu eben der Vollkommenheit? Und sollten sie
es nicht noch gar höher bringen können, da sie eine Hülfe
mehr, da sie die glücklichen Originale der Alten haben,

D 3   welche

welche diese erst entwerfen mußten? da sie die besten Regeln haben, welche von Zeit zu Zeit aus den Meisterstü-
cken der Alten gesammelt und in die Form der Kunst
sind gebracht worden? Es ist wahr, daß uns die Meisterstücke der Alten und die Regeln der Kunst große Vortheile bringen; doch wer weis, ob sie nicht auf gewisse
Weise selbst Ursache sind, daß wir den Alten in unsern
Gedichten so weit nachstehen; daß wir gezwungner und
mühsamer sind, als sie? Jene, die Alten, welche die
Werke der Kunst erst erfanden, giengen mit ihrem Genie auf der Bahn der Natur unbekümmert fort. Sie
hatten kein anderes Muster, als die Natur und das idea-
lische Schöne, das sich ihrem Verstande darstellte. Dieses drückten sie aus, und wußten von keinen Regeln, als
von denen, welche der Geschmack dem Künstler vor-
schreibt, und welche ihn insgeheim leiten, ohne ihn ihre
Leitung fühlen zu lassen. Wir, die wir die Werke der
Alten mit Rechte verehren, da wir sie so vortrefflich finden, ahmen vielleicht mehr die Copien der Natur, als
die Natur selbst nach. Vielleicht folgen wir nicht sowohl dem idealischen Schönen in unserm Verstande, als
dem schon vorhandenen in den Werken der Alten. Ihre
Entwürfe, ihre Einrichtungen, ihre Ausführungen, ihre
Künste sind in unserm Verstande durch das Lesen abge-
druckt; nach diesen richten wir uns im Denken, oft ohne
daß wir es wollen, und noch öfter, ohne daß wir es
wissen. Da es aber leichter ist, selbst etwas zu thun,
als eben das zu thun, was ein Andrer gethan hat: so ist
es nicht zu verwundern, wenn die neuern Epischen Dichter unter dem Homer und Virgil, die Tragischen und
lyrischen Poeten unter dem Euripides und Sophokles,

unter

unter dem Pindar und Horaz bleiben. Es darf uns nicht befremden, wenn wir oft ängstlich und gezwungen werden, da unsern Verstand die Last der Regeln drückt, nach welchen wir arbeiten, und da wir, um einer Regel zu folgen, uns entweder eine Schönheit entwischen lassen, oder durch diese Bemühung die edle Hitze des Geistes dämpfen, und ihn in seiner lobenswürdigen Dreistigkeit und Kühnheit aufhalten; ja da wir oft selbst durch eine unglückliche Anwendung der Regeln zu Fehlern verleitet werden. Die Regeln haben noch eine andre nachtheilige Wirkung auf unsern Geist. Indem man sie anwendet, oder nach den Beyspielen der Alten angewandt hat: so glaubt man, daß man seinen Werken die Seele gegeben habe; und man hat ihnen doch gemeiniglich nur die äusserliche Bildung verliehen, nicht aber den Geist, der die Schriften der Alten belebte und zum Entzücken geschickt machte; man hat alle Regeln der Alten in Acht genommen, nur die erste nicht, selbst Genie zu haben.

Noch mehr, es giebt, wie in jeder Gattung der Kunst, also besonders in den verschiednen Gattungen der Poesie und Beredsamkeit, eine gewisse Stufe, über die man nicht hinausgehen darf. Die Alten haben, nach dem Geständnisse der Welt, diese Stufe erreicht. Einige von den glücklichen Köpfen der neuern Zeiten sahen dieses, und verloren mit dem Muthe, die Alten zu übertreffen, die Geschicklichkeit, ihnen wenigstens gleich zu kommen. Andre ließen sich von der Höhe, welche die Alten erreicht, nicht abschrecken; sie giengen darüber hinaus, und verirrten sich in das Unnatürliche, in ein Labyrinth,

byrinth, aus dem sie sich nicht wieder heraus finden konnten. Sind endlich einige seltne Geister der Neuern den
Alten nahe gekommen, oder haben sie dieselben in verschiednen Arten der Dichtkunst und Beredsamkeit gar
erreicht, bisweilen selbst übertroffen: so sind doch jene in
dem Besitze der Erfindung. Die Neuern müssen sich
stets als Nachahmer ansehen lassen, welche ohne die Originale der Alten nicht so glücklich fortgekommen seyn
würden; und wie können sie das Gegentheil beweisen?
Selbst dieses, daß die Alten die Ersten gewesen sind,
scheint keine geringe Ursache ihres Vorzugs zu seyn. Sie
haben in Ansehung des Neuen, das so viel Anziehendes
an sich hat, die besten Blumen abgepflückt, und uns nur
die Nachlese übrig gelassen. Noch Andre, denen es nicht
an Kräften fehlte, aber deren Ehrgeiz es sich für nach-
theilig hielt, den Fußtapfen zu folgen, welche die Alten
betreten, suchten einen andern Weg, um groß zu werden,
um den Namen der Erfinder, der Schöpfer, zu verdie-
nen. Sie verließen den Weg der Alten, das heißt, den
Weg der Natur; sie geriethen mit ihrem Witze auf
Ausschweifungen, und brachten Mißgeburten hervor,
bloß weil sie sich schämten, den Alten nachzugehen. Andre wollten die Alten übertreffen; sie sahen, daß es im
Ganzen nicht möglich war, sie wollten es also in Thei-
len und Stücken thun. Eine gewisse edle Einfalt der
Alten in ihren Gedanken und Ausdrücken, eine gewisse
liebenswürdige Nachlässigkeit in ihren Werken, ein gewisser männlicher Schritt, mit dem sie unbesorgt ihrem
Ziele zueilen; alles dieses schien ihnen eine Verbesserung
zu leiden. Sie arbeiteten, sie dichteten, und dachten
nicht so wohl an ihren Gegenstand, als an sich selbst.

Sie

Sie wollten bewundert werden, sie wollten nicht ihrer Materie gemäß denken; also dachten sie stets mit angestrengtem Geiste, immerfort witzig, immerfort scharfsinnig, und brachten die anmuthigen und süßen Fehler auf, von denen Quintilian redet. Um eine gefällige Nachlässigkeit zu vermeiden, wurden sie lieber gezwungen schön. Anstatt mit einem freyen und gleichen Schritte sich dem Ziele zu nahen, wagten sie künstliche Sprünge und verloren das Ziel aus dem Gesichte. Um bewundert zu werden, schmückten sie alles aus, und machten, gleich eiteln Malern, das Werk durch den Schmuck unkenntlich, und durch witzige Zierrathen räthselhaft. So sind die vortrefflichen Werke der Alten gelegentliche Ursachen gewesen, daß ihnen die Neuern nicht gleich kommen können.

Vielleicht ist in der Art, wie die Alten die Künste der Poesie und Beredsamkeit getrieben und darinnen gearbeitet haben, auch eine Ursache enthalten, warum ihnen die Neuern nachstehen müssen. Wie verfertigten sie ihre Meisterstücke? Vielleicht bloß in ihren Nebenstunden, wenn sie den Geist durch andre Arbeiten erschöpft hatten? Arbeiteten sie bloß, weil es ihr Amt mit sich brachte, oder nicht vielmehr, weil sie in der Arbeit ihr Vergnügen suchten? Arbeiteten sie bloß, weil es ihre eigne Ehre, ihr äußerlicher Charakter erforderte, oder vielmehr, weil sie sich eine Ehre daraus machten, ihrer Sprache, ihrem Vaterlande, dem guten Geschmacke ein Ansehen zu erwerben? Hatten sie nur die Absicht, der Menge zu gefallen, oder den Kennern? nur ihren Zeiten, oder auch den künftigen? Es ist ein unendlicher Unterschied unter dem

D 5 Fort-

Fortgange der Arbeiten, die wir freywillig, und die wir
aus Pflicht, die wir aus einem innerlichen Zuge, und
die wir nur unsers Standes wegen, die wir aus einem
freyen und von der Schönheit der Sache gerührten Geiste, und die wir mit einem matten Geiste, der von der
Nothwendigkeit gepeiniget wird, seinem Amte genug zu
thun, unternehmen. Es ist ein unendlicher Unterschied
zu arbeiten, weil man sich geschickt dazu fühlt, und zu
arbeiten, weil es die Eitelkeit, die Mode verlangt; zu
arbeiten, wenn man will, und so lange man will; und
zu arbeiten, weil man seinen Unterhalt dadurch erwerben, oder andre niedrige Absichten erreichen will; und
bloß darum in der Arbeit nicht nachzulassen, weil man
diese noch nicht erreicht hat. Ein Geist sey von Natur
noch so groß, wenn er bey seinen Unternehmungen durch
Sorgen, durch Mangel, durch die Furcht eines unbilli-
gen Spottes, durch die Last verschiedner Arbeiten gefes-
felt wird, so wird er sich nie gnug erheben; und indem
er sich erhebt, wird er unter der schweren Bürde wieder
sinken. Er wird einem Feldherrn gleichen, der Muth,
Geschicklichkeit und Volk zu einem Treffen, aber nicht
die Erlaubniß hat, ein Treffen zu wagen.

Man weis, wie langsam die Alten arbeiteten, wie
sorgfältig sie ihre Werke ausbesserten, wie willig sie der
Critik Gehör gaben. Wer den Tadel der Klugen scheut,
wer sein Werk des Geschmacks, das er mit Muße gearbeitet, nicht zu verschiednen Zeiten wieder vornimmt,
ihm nicht die Fehler, die er in der ersten Hitze der Arbeit nicht bemerkte, entzieht, und die noch mangelnden
Schönheiten giebt, der wird, wenigstens in großen Werken, keine Meisterstücke hervorbringen.

Die

Die Alten liebten ihre Muttersprache und schrieben
darinne, nachdem sie sich von Jugend auf darinne geübt
hatten. Die Römer lasen die Griechen; aber nicht bloß,
um griechisch zu schreiben, sondern um ihren Geist durch
den Geist der Griechen zu beleben, und ihre Sprache
durch die Sprache der Griechen zu bereichern. Viele
von den Neuern haben in ihren ersten Jahren alle
Sprachen, nur nicht ihre Muttersprache gefaßt. Wollen sie bey reifern Jahren schreiben: so hindert ihren
Geist die Menge der Sprachen, in deren keiner sie sich
leicht, natürlich, reich, stark und mannichfaltig genug
auszudrücken wissen. Und wenn die Gelehrten eines
Landes mehr in fremden Sprachen, als in der angebohr-
nen schreiben: so muß nothwendig die Muttersprache an
Worten, an Ausdrücken und mannichfaltigen Wendungen, welche eben die gute Art zu denken erst in die
Sprache bringt, unausgebildet und unvollkommen blei=
ben. Gesetzt, es stünden in einem solchen Lande einige
große Geister auf: was werden sie anfangen, wenn sie
zu ihren Bildern keine Farben, zu ihren Gedanken keine
Worte haben? Sollen sie mit einem male neue Wörte,
neue Wendungen und Fügungen schaffen, und kühn seyn,
um unverständlich zu werden? Will man noch hinzusetzen, was die größten Kenner zu behaupten pflegen,
daß die Sprachen der Griechen und Römer ihrer natürlichen Eigenschaft wegen die Sprachen der heutigen Völ=
ker bald am Reichthume, bald an Kürze, bald an Har-
monie und an einer wohlklingenden Abwechselung der
Sylben übertrifft: so könnte die heutige Poesie und Be=
redsamkeit vielleicht auch deswegen nicht so schön seyn,
als die alte, weil das Mittel, dessen sie sich bedienet,

nämlich

nämlich die Sprache, gewisser Schönheiten nicht fähig und ein sprödes Wachs ist, das oft ausspringt, wenn man die Bilder des Geistes hineindrücken will; das die mannichfaltigen Züge und Wendungen der Gedanken, nicht genau, nicht fein, nicht zart genug annimmt. Daß wir den oratorischen und poetischen Wohlklang der Griechen und Römer, die freye und kräftige Versetzung der Worte, in unsern Sprachen nicht haben; daß wir viele von ihren Arten, eine Sache kurz und lebhaft auszudrücken, in unsern Sprachen vermissen, scheint sehr gewiß zu seyn. Und wenn wir diesen Mangel nicht durch andre Schönheiten ersetzen können: so wird er vielleicht nicht eine von den geringsten Ursachen seyn, warum die neuere Poesie und Beredsamkeit der alten weicht.

Die Sitten einer Nation haben einen großen Einfluß in den Geschmack, in die Art zu denken und zu schreiben. Nachdem die Sitten frey oder gezwungen, gemäßigt oder ausschweifend, natürlich oder übertrieben sind; nachdem wird auch unser Geschmack umgebildet. Er nimmt die Figur der Sitten an. Wer in den Vergnügungen, in der Pracht, in der Höflichkeit kein Maaß, keine Ordnung zu halten weis, der wird in seiner Art zu denken und zu schreiben ebenfalls unordentlich, ausschweifend und romanhaft werden. Sind nun vielleicht die Werke der Alten auch deswegen besser, weil ihre Sitten natürlicher, freyer, edler gewesen sind? Diese Frage ist schwer zu beantworten. Jede Zeit hat ihre Verderbnisse gehabt; das ist wahr; aber jede Zeit ist doch nicht so weichlich gewesen, als die andre; und nichts ist geschickter, den Geist zu ersticken, als auf der einen

Seite Weichlichkeit, und auf der andern, Wildheit der Sitten, oder eine sklavische Staatsverfassung.

In einigen von diesen Ursachen, oder in allen zusammen genommen, muß die Schuld in den neuern Zeiten zu suchen seyn, daß sie in den schönen Wissenschaften keine Scribenten, die den Alten ganz gleich kämen, haben hervorbringen können.

Vielleicht lassen sich davon noch mehrere angeben; vielleicht glaubt man, daß die Poesie und Beredsamkeit in den neuern Zeiten nicht genug große Gegenstände, noch erhabne Verehrer gefunden, oder daß sie durch keine solchen Preise und Belohnungen aufgemuntert worden, als in den Republiken der Alten. Ich weis nicht, ob diese Ursachen wichtig sind. In so weit die Poesie von der Erdichtung lebt, und aus der Natur schöpft, kann es ihr nie am Stoffe mangeln. Einige Quellen, die Quellen der Hauptcharaktere können erschöpft werden; aber sie sind bis auf unsre Zeit nicht erschöpft worden. In so weit die Poesie Verdienste und Thaten, Helden und Patrioten besingt; in so weit wird ihr jedes Jahrhundert Tugenden und Thaten geben, um Virgile und Horaze zu erwecken. Und wenn die Alten ihre Götter edel besungen haben; sollten die Neuern den Gott, den uns die Religion verherrlichter zeigt, den David göttlich besungen hat, nicht unendlich erhabner besingen können, wenn es bey unsrer Frage bloß auf die Größe des Gegenstandes ankäme? Eben dieses läßt sich auch von der Beredsamkeit sagen. Sollten die hohen Wahrheiten der Religion, welche die wahre Ruhe und das Glück des Geistes in mehr als Einer Welt betreffen, weniger geschickt seyn,
große

große Redner zu bilden, als die Vorfälle vor den Ge-
richten der Alten? Giebt die Materie der Religion einem Bossuet, Tillotson, Saurin, Mosheim, Jerusalem,
weniger Gelegenheit beredt und groß zu seyn, als die
Angelegenheiten des Staats einem Demosthenes, einem
Cicero gaben? Sollten nicht vielmehr eben diese Gegenstände die neuern Redner über die Alten erheben? Ist
nicht das Größte, das Prächtigste der Beredsamkeit,
selbst in den Werken der Schrift, in den Psalmen und
in der Schreibart der Propheten enthalten? Sollten wir,
wenn die Frage von den Lobreden ist, keine Ueberwinder,
keine Regenten, keine Trajane, keine Friedrich Christia-
ne haben, die einen Cicero, einen Plinius beleben könnten? Blüht nicht in verschiednen Ländern, in Frankreich,
in England, in der Schweiz, in Dännemark, die ge-
richtliche Beredsamkeit noch, wenn sie auch daselbst ein-
geschränkter ist, als sie in den Griechischen und Römi-
schen Republiken war? Doch wenn wir auf die geistliche
Beredsamkeit allein sehen wollen: so wird sie auch
in Ansehung des Großen, des Erhabenen, des Rühren-
den, den Vorzug vor der weltlichen davon tragen
können.

So demüthigend vielleicht diese Gedanken für die
neuern Zeiten sind: so dürfen sie uns doch gar nicht den
Muth und Eifer benehmen, in der Dichtkunst und Beredsamkeit, gleich dem Alterthume, groß zu werden.
Nein, sie sollen uns lehren, daß die Hindernisse, die uns
von dem Gipfel der Alten entfernen, so groß sie auch
sind, doch nicht unüberwindlich sind. Sie sollen uns
mit der Hochachtung gegen die Alten zugleich den stolzen
Wunsch,

Wunſch, die edle Eiferſucht, es ihnen nachzuthun, ein-
flößen. Sie ſollen uns auf die Bahn zurücke weiſen,
auf welcher es jenen glückte, in den Tempel der Unver-
geßlichkeit einzugehen. Die Alten ſind allerdings unſre
Lehrmeiſter in den ſchönen Wiſſenſchaften. Wir wollen
alſo dankbar ſeyn, und von ihnen lernen; wir wollen
uns ihre Sprache ſorgfältig bekannt machen; uns in ihre
Zeiten, in ihre Sitten verſetzen; ihre Abſicht bey ihren
Werken erforſchen, und ſie darnach prüfen; ihre Schönheiten bemerken, fühlen, bewundern, auswendig behalten, nachahmen. Wir wollen uns durch ihren Geiſt er-
hitzen und beleben, und durch ihren Geſchmack den unſri-
gen verbeſſern. Aber können wir nicht zu dankbar, nicht
auf eine ungereimte Art dankbar ſeyn? Ja, wenn wir
ſie zu knechtiſch nachahmen. Wir können ungerecht gegen die Natur, gegen uns ſelbſt werden, wenn wir unſern eignen Geiſt verdrängen, um den ihrigen mit unge-
ſchickter Hand an ſeine Stelle zu ſetzen. Sie bildeten
die Natur mit einer liebenswürdigen Leichtigkeit und ſorg-
fältigen Genauigkeit nach; hierinnen müſſen wir ihnen
folgen. Allein die Natur iſt unerſchöpflich an Reichthü-
mern, unendlich an Gegenſtänden, und dieſe drücken ſich
auf tauſendfache Art in unſern Geiſtern ab. Wir müſſen es alſo nicht genug ſeyn laſſen, nur die Alten nachzu-
ahmen. Die Natur war ihre Lehrmeiſterinn; und ſo
ſoll ſie auch die unſrige ſeyn! Wir müſſen es nicht bloß
den Alten gleich thun wollen, und ihnen nur Schritt vor
Schritt folgen, wir werden ſonſt eben deswegen unter
ihnen bleiben. Wir haben mehr zu wagen. Sie zu
übertreffen, ſey unſer Ziel, wenn wir es auch nie erreichen; auf dieſe Art werden wir ihnen wenigſtens glei-

chen

chen. Was that Virgil; suchte er nicht den Homer, den Theocritus zu übertreffen, wo er zu übertreffen war? Was thaten die Plautus, die Terenze, wann sie den Aristophanes, den Menander vor Augen hatten? Was that Sophokles, mit dem Aeschylus verglichen? Was. thaten Sophokles und Euripides, die zugleich lebten? Wollten sie alle auf Eine Art, auf eben dieselbe Art schön seyn? Wollte Cicero nichts seyn, als was Demosthenes war? Wir werden den glücklichsten Weg wählen, wenn wir die Schönheiten der großen Männer in Einer Gat-tung vereinigen, wenigstens in Gedanken vereinigen, um ein vollkommenes Bild des Schönen zu haben, das uns entzücke, und uns die Kühnheit gebe, unsre eignen Kräfte zu versuchen. So wählte Zeuris, als er den Crotonia-ten eine Helena malen wollte, die größten Schönheiten zu seinem Muster, und entwarf aus einzelnen Hauptzü-gen der Schönheit durch seinen Geist ein vollkommnes Werk der Natur und Kunst.

Es giebt in dem Reiche der schönen Wissenschaften, wie auf der Erdkugel, unangebaute, auch ganz unent-deckte Gegenden; und kein großes Genie darf verzagen, daß es nichts neues werde unternehmen können. Wo war das christliche Heldengedichte vor den Miltonen; das Gloverische vor dem Glover; das Comische vor dem Boileau und Pope? Ist la Fontaine nicht an-muthiger, als Phädrus? Ist Moliere nicht lachen-der, als Terenz, und feiner als Plautus? Wo war ehedem die Art der Gedichte, die Fontenelle uns unter dem Namen der Schäfergedichte gegeben hat? Wo wa-ren die Melaniden, die Gouvernanten, die Orakel, ehe

De la

de la Chauſſee und Saint-Foir ſie werden hießen? Wo waren die Clariſſen und Grandiſone, ehe Richardſon ſchrieb? Aber vielleicht verwundert man ſich, daß ich nur Ausländer nenne. Haben die Deutſchen keine einheimiſchen Beyſpiele, die uns Muth machen könnten? Haben ſie keinen Wiß, keine Beredſamkeit, keine Werke des Geſchmacks? In verſchiednen Gattungen der Beredſamkeit, in verſchiednen Arten der Poeſie ſind auch wir in dieſem Jahrhunderte glücklich geweſen. Deutſchland hat ſeine Mosheime, ſeine Hagedorne, ſeine Schlegel, gehabt; und wer kennt nicht die noch lebenden Scribenten, welche die Ehre unſrer Zeiten ſind? Es ſcheint, das günſtige Jahrhuundert des guten Geſchmacks ſey für die Deutſchen erſchienen, und habe inſonderheit das ſchädliche Vorurtheil vertrieben, das ſie ehedem zurückgehalten; das Vorurtheil, als ob die ſchönen Wiſſenſchaften ſich mit den Geſchäfften des Staats, mit den Arbeiten großer Aemter nicht vertrügen, und als ob man müßig ſeyn müſſe, um wißig zu ſeyn. Der Geiſt, der in der Beredſamkeit und Poeſie ſpricht, ſpricht auch in Geſchäfften und öffentlichen Bedienungen. England und Frankreich haben an ihren Höfen in ihren größten Staatsmännern oft die geiſtreichſten Scribenten bewundert. Doch die Welt braucht nur wenig gute Schriftſteller; aber der Geſchmack bedarf Kenner und Beſchützer. Dann wird er in Deutſchland ſiegen, wenn ihn die Großen in die Cabinetter der Fürſten, und die Gelehrten in die Geſellſchaften des bürgerlichen Lebens einführen. Dann wird der Aberglaube in den ſchönen Wiſſenſchaften verſchwinden, und die Keßerey in dem Geſchmacke. Man wird das Grobe und Plumpe nicht

mehr

mehr für das Natürliche, das Leere nicht mehr für das
Leichte, das Gezwungne nicht mehr für das Feine; man
wird giftige Spöttereyen, freygeisterische Einfälle, unge-
sittete Gemälde nicht mehr für Witz, für Salz, für
Munterkeit, sondern für das, was sie sind, für Verwegenheit, Tollkühnheit und Unverschämtheit halten. So
werden selbst Weisheit und Tugend mit dem Geschmacke wachsen; und je mehr wir diese durch den Dienst der
schönen Wissenschaften zu befördern suchen, desto reiner
und rühmlicher wird der Geschmack werden. Und je
mehr Männer, mit Talenten, Wissenschaften und Geschmacke begabt, ihre Kräfte und ihren Fleiß der Verwaltung öffentlicher Geschäffte widmen werden; und je
mehr die Fürsten selbst, durch Geschmack und Wissenschaften zur Liebe des Geschmacks und der Wissenschaften gebildet, Männer, die eben so groß durch Talente
und Wissenschaft, als durch Rechtschaffenheit und Tugend sind, aufsuchen, vorziehen und zur Verwaltung öffentlicher Geschäffte erheben werden: desto mehr werden
nicht nur die Geschäffte und der Staat selbst dabey ge-
winnen, sondern desto mehr wird auch die Liebe und der
Geschmack für die Wissenschaften bey jeder Nation er-
weckt und verbreitet werden.

Wieviel also, Durchlauchtigster Churfürst, wieviel hat nicht die glückliche Nation Ihrer Sachsen für
die Wissenschaften von der Liebe, deren Sie dieselben
würdigen, von dem Schutze und der Vorsorge, die Sie
ihnen gnädigst angedeyhen lassen, von dem Eifer, mit
dem Sie sich der Kenntniß derselben auf eine Fürsten so
rühmliche Art erwerben, itzt und künftig zu hoffen! Welche glückliche Aussichten! Welche allgemeine Erwartungen!

gen! O daß Gott sie erfüllen wolle! O daß er den Geist Dero glorwürdigen Herrn Vaters ganz und immerdar auf Ihnen ruhen lasse! Dann sind sie erfüllt, diese Erwartungen; dann sind die heilsamen Vorschläge, mit denen sich die heutigen Vorlesungen angefangen, durch Sie ausgeführt. Ja, Gnädigster Churfürst, das Beyspiel Dero glorwürdigsten Herrn Vaters, des Kenners und Beschützers der Künste und Wissenschaften; das Beyspiel Dero Durchlauchtigsten Frau Mutter, der Kennerinn und Beschützerinn der Künste, der Wissenschaften und des Geschmacks, der glücklichen Verfasserinn geistreicher Werke; das Beyspiel des preiswürdigsten Administrators, des Kenners und Beschützers der Wissenschaften, müsse Dero Eifer für die Aufnahme der Künste und Litteratur in Dero Landen immerdar beleben. Ihnen müsse die Ehre vorbehalten seyn, daß man das glückliche Jahrhundert der Litteratur, so wie man es in Rom vom Augustus, und in Frankreich von Ludwig XIV benannt, in Sachsen von Friedrich August, dem Sohne Friedrich Christians, benenne; und nie müsse es Dero Staaten an großen und rechtschaffnen Männern zur Verwaltung der Geschäffte, zum Flore der Schulen und Akademien, und zur würdigen Erhebung Dero fürstlichen Verdienste, Dero Weisheit und Tugend mangeln. Wie groß, sagt Syrach, wie groß ist der, so weise ist; aber wer Gott fürchtet, über den ist Niemand! Diese doppelte Hoheit, Durchlauchtigster Churfürst und Herr, diese Hoheit der Weisheit und Gottesfurcht, sey, wie sie es schon itzt ist, immerdar Dero Verdienst, Dero Größe, und, in einer langen ruhigen Regierung, der Segen Dero Lande!

Und

Und Sie, lehrbegierige Jünglinge dieser Akademie, wie könnten Sie das Glück, in solchen Zeiten gebohren zu seyn, und unter einem solchen Fürsten sich den Wissenschaften zu widmen, rühmlicher anwenden; wie könnten Sie Ihren Dank für das Glück des heutigen Tages würdiger zeigen, als wenn Sie von heute an, selbst durch das Beyspiel Ihres jungen Fürsten ermuntert, mit neuem und verdoppelten Eifer sich bestreben, wirklich einmal große, Ihrem Fürsten und dem Vaterlande nützliche Männer zu werden?

Und wir, Väter und Lehrer dieser Akademie, wie können wir dankbarer für die Ehre seyn, die unser Fürst den Wissenschaften erzeigt, dankbarer für die gnädige Gegenwart und Aufmerksamkeit, deren er unsre Bemühungen in diesen Tagen abermals gewürdiget hat, als wenn wir unsern Eifer verdoppeln, dem Fürsten und dem Vaterlande solche nützliche rechtschaffne Männer zu bilden? Gott wolle unsre Arbeiten beglücken, und unsern hoffnungsvollen Fürsten mit Kraft aus der Höhe mächtiglich ausrüsten, und bey langem Leben, bey langem Leben, väterlich erhalten!